Burkhardt Unrau

Das Leben ist ein Rummelplatz

70 außergewöhnliche Jahre

Autobiographie

Heider Verlag Bergisch Gladbach

Impressum

Joh. Heider Verlag GmbH, 2023

Lektorat: Karin Grunewald
Titelfoto: Manfred Esser, Bergisch Gladbach
Gesamtherstellung: Heider Druck GmbH
Fotos: alle Fotos privat sofern nicht gesondert angegeben
ISBN 978-3-947779-44-4

Ein Macher mit großem Herz

Burkhardt Unraus Buch braucht kein Vorwort, und auch kein Nachwort. Es steht für sich, und es beschreibt alles, was ihm im Leben wichtig war und ist. Jeder seiner Sätze drückt aus, was er ist: Ein Mensch, ohne den Bergisch Gladbach ein gutes Stück ärmer an Emotionen und an Lösungen wäre – und ein Original weniger hätte. Dennoch wünschte sich Burkhardt Unrau ein paar Worte „von außen". Hier sind sie. Der Versuch einer Annäherung an das, was den umtriebigen „Kirmes-Macher" antreibt.

Wer das Haus von Burkhardt Unrau betritt, ist umgehend mitten in seinem Leben; und das ist – wie der Buchtitel es sagt – ein Rummelplatz. Etwas irritiert blickt man sich um und kann gar nicht so viel erfassen, wie es zu sehen gäbe. Fotos aus Jahrzehnten Kirmes in Gladbach, ein Korb voller Chips für Fahrgeschäfte, ein Stück der Raupe, die er einst selbst fuhr, ein Schild „Aushilfe zum Abbauen gesucht". Kirmes soweit das Auge reicht. „Ich lebe in meinem Leben", sagt Burkhardt Unrau und schmunzelt, denn er kennt die Wirkung, die das Haus auf seine Besucher hat. In einer Ecke des Wohnzimmers ruht ein ausgewachsener Autoscooter. Den habe er dort hingestellt und dann die Wände drumherum gezogen. „Raus geht der nicht mehr", sagt er achselzuckend. Soll er ja auch nicht.

Wer auch immer zum ersten Mal die Bezeichnung „Kirmes-Macher“ benutzt hat, ahnte vielleicht gar nicht, wie sehr diese zutreffen sollte. Nicht nur vor dem Bindestrich, sondern vor allem dahinter. Unrau ist ein „Macher“ – engagiert, umtriebig, ein Hansdampf in allen Gassen. Er kennt die Stadt, und die Stadt kennt ihn.

Einen Terminkalender hat er trotzdem nicht. Hatte er noch nie. „Ich stehe morgens auf, und dann überholt mich das Tagesgeschehen“, sagt er. Er läuft vorweg, nebenher oder hintenan, über Plätze, durch Büros und nicht selten mit dem Kopf durch die Wand. Unrau macht keine Termine, er kommt einfach. Auch Anklopfen gehört eher nicht in sein Repertoire. Der Weg über die Vorzimmer birgt die Gefahr eines „jetzt nicht, später vielleicht“ und damit das nächste Risiko, dass das „später“ zu drei Wochen oder das „vielleicht“ zum nie wird. Später und vielleicht sind Wörter, die in Unraus Vokabular eher keine führende Rolle spielen. Wenn es etwas zu klären gibt, klärt er es. Am liebsten sofort. Am liebsten persönlich. Er steckt den Kopf durch die Tür und fragt: „Zwei Minuten?“ Macher wollen Lösungen, und zwar schnell und knackig.

Ja, mag der geneigte Leser nun denken: Wenn das jeder machen würde … Es tut aber nicht jeder – selbst nicht mit Termin und Anklopfen. Und damit kommt der eigentlich wichtige, der entscheidende Punkt, den Unrau selbst mit fünf schlichten Wörtern ausdrückt: „Ich komme nie für mich." Zeit seines Lebens hat er sich für die Kirmes und die Schausteller eingesetzt, für den Junge Unternehmer Club JUC und den Verein „Bürger für uns Pänz", für seine große Leidenschaft, die Musik – und irgendwie auch für all die anderen, die ein Problem hatten, aber keine Lösung dazu. Geschlecht und Alter, Herkunft und Hautfarbe, arm oder reich spielt für ihn alles keine Rolle.

„Ich liebe diese Stadt und vor allem die Menschen, die in ihr leben – alle", sagt Burkhardt Unrau, lächelt, zieht die Augenbrauen hoch und ergänzt: „Ich weiß nicht, was das ist." Woher es kommt, weiß er schon eher. Recht bald spricht er in diesem Zusammenhang von seinen Eltern. „Sie haben mich auf den Weg gebracht", sagt er und erzählt von ihrer Liebe, vor allem die seiner Mutter, und der Rechtschaffenheit und Menschenfreundlichkeit seines Vaters, der jedem geholfen habe, der es brauchte. „Daraus ist alles entstanden, was ich bin", sagt er. „Ich hab‘ das nicht gelernt – das kam so."

Auch die Frauen in seinem Leben – eine Schwester und drei Ehefrauen – hätten sein Leben bestimmt. Seine fünf Jahre ältere Schwester habe ihm „den Rücken freigehalten", und sie sei „nie nachtragend" gewesen. „Die Frauen in meinem Leben haben immer alles glattgebügelt", sagt er. „Ohne sie als Gegenstück wäre mein Leben völlig undenkbar." Seine dritte Ehefrau Ute beschreibt ihren Mann ohne zu überlegen als „ehrlich, direkt, nimmt kein Blatt vor den Mund und durchsetzungsfähig". Damit ist im Grunde alles gesagt. Authentisch ließe sich als Eigenschaft noch ergänzen. Nichts wirkt gespielt, nichts aufgesetzt.

Dennoch mag Burkhardt Unrau beim ein oder anderen Zeitgenossen nicht auf Anhieb als der rüberkommen, der „nur" die Welt besser machen möchte. Mit seinen 1,89 Metern und einer kräftiger Statur ist er körperlich sofort präsent. Er spricht laut, und er redet Klartext. Wo er zur Tat schreitet, kann es schon mal krachen und stauben, und Aufmerksamkeit ist ihm im Grunde überall gewiss. Manchmal brachial, aber nie zerstörerisch. Burschikos, aber nicht ungehobelt. Offen, aber nicht beleidigend. Beharrlich, aber nicht berechnend. Nur im Überschwang, für wen auch immer er ein Problem zu lösen gedenkt, ist er halt schon mal mit dem Kopf durch besagte Wand, bevor er entdeckt, dass da auch eine Türe gewesen wäre.

Unraus Ziel ist es immer, der Sache dienlich zu sein. Dazu braucht es für ihn keine gleichen Meinungen, sondern gemeinsame Lösungen. Und hier kommt der „Macher" wieder ins Spiel. Und die Kirmes. Es ist nicht nur so, dass Burkhardt Unrau die Kirmes organisiert und den Schaustellerverein gründete. Auch andersherum haben die Schausteller ihn und seine Art, mit Dingen umzugehen, geprägt. Ihren Kirmes-„Macher" begrüßen sie wie ein Familienmitglied: rau, aber herzlich. Das ist eine

Ehre, denn Schausteller wird man nicht, als Schausteller wird man geboren. Dahinter stecken Generationen und ganze Dynastien, die bis zu Puppenspielern und Bänkelsängern zurückreichen. Die Kirmes ist ihr Leben, der Wohnwagen ihre Heimat und die Tradition eine, der die Schausteller sich so verbunden wie verpflichtet fühlen. Freundschaften und Ehen werden mehrheitlich in dieser eigenen Welt geschlossen.

Dieses Leben – und der Wunsch und Wille, darin bestehen zu können – bedingen bestimmte Verhaltensweisen. Er habe viel von den Schaustellern gelernt, sagt Unrau. „Würden sie reden, verhandeln und Probleme wälzen, würde der Autoscooter nie aufgebaut." Muss er aber, und zwar um den Brunnen auf dem Konrad-Adenauer-Platz herum, zentimetergenau. „Schausteller haben auch keine Zeit, einen Schuldigen zu suchen", sagt Unrau. „Sie müssen um zwölf Uhr aufmachen. Fertig." Ganz allgemein gesprochen ist sein Schluss daraus: „Alle Welt diskutiert – und nix passiert." Worum es geht? Einfach mal machen.

Wenn Burkhardt Unrau von der eigenen „Unaufgeregtheit" spricht, ist es vielleicht nicht das, was andere sich unter diesem Begriff vorstellen, aber schlussendlich passt es schon. Schausteller regen sich nicht endlos auf, sondern tun alles, um Steine im Weg wegzurollen und ans Ziel zu kommen – und zwar zügig. Und wenn in der Stadt Bergisch Gladbach zwischen dicken

Aktendeckeln und dicker Luft die Welt stillsteht, ist es dieses beherzte Voranschreiten eines Burkhardt Unrau, welches in verfahrene Situationen wieder Bewegung bringt.

Zu dieser speziellen Art der Unaufgeregtheit können durchaus auch Konfrontation und Disput gehören. Burkhardt Unrau wählt eine Waage als Bild. Die Waagschalen dürfen pendeln; ruhig auch mal stark. Sie können sich im Hoch und Runter abwechseln. „Das Einzige, was sie nicht tun dürfen ist: Sie dürfen am Ende nicht im Ungleichgewicht stehen bleiben", sagt er. Um das Gleichgewicht zu finden, lautet sein Weg: „Lasst uns doch den Arsch bewegen und uns an einen Tisch setzen." Rau, aber herzlich. Das ist nicht immer ein harmonisches Miteinander, oft genug ist es ein Zusammenraufen mit viel Potenzial für vielfältige Emotionen auf allen Seiten. Doch am Ende steht in der Tat so gut wie immer eine Lösung, mit der alle leben können.

„Ich bin eigentlich ein harmoniebedürftiger Mensch", sagt Unrau, worüber die, die ihn weniger gut kennen, auflachen mögen oder gar mit den Augen rollen. Aber vielleicht sind es genau diese scheinbaren Widersprüche, die die überzeugende Glaubwürdigkeit eines Burkhardt Unrau ausmachen. Der Macher, der bei Streit schon mal vor Verzweiflung heult, weil seine Ehrlichkeit unverstanden bleibt. Der gestandene Mann, der – auch in der Öffentlichkeit – hemmungslos die Tränen laufen lässt, wenn ihn etwas im Herzen berührt. Es ist ein sensibles, ein warmes Herz. Seine ungezählten Bindungen und Freundschaften über viele Jahre hinweg sprechen die beste Sprache dafür, dass die Sache mit der Waage funktioniert.

„Ich komme nie für mich", hatte Burkhardt Unrau anfangs gesagt. Was aber tut er für sich? „Ich lebe!", sagt er und lacht. „Ich habe meine Freude, wenn andere ihre Freude haben – das Leben ist ein Spiegel." Yoga oder Meditation brauche er nicht. Wenn andere sich mit lang trainierter Atemtechnik auf die Matte setzen, denkt er einfach über die schönen Dinge in seinem Leben nach. Es war und ist ein intensives Leben. Eine der schönsten Stellen in seinem Buch ist die, an der er davon erzählt, wie er einen damaligen Chefredakteur der Bergischen Landeszeitung verwirrt, als er auf die Frage, wie viel Freizeit er habe, mit einem „Keine" antwortet. Auf die Nachfrage, ob er denn „nur Arbeitszeit" habe, antwortet er ebenfalls mit einem „Nein, gar keine." Er habe keine Arbeitszeit und keine Freizeit, sondern einfach nur Lebenszeit.

Mit Mitte 50, sagt Unrau, habe er seine innere Ruhe gefunden. „Da wusste ich, wer ich bin und was ich bin. Ich habe mein ‚Om' schon gefunden." Auch wenn er mit Religion nicht viel zu tun habe, seien die zehn Gebote eine Vorlage, nach der es sich hervorragend leben ließe. „Außerdem habe ich ein persönliches Empfinden, was richtig und was falsch ist“, versucht Unrau sich mit einer Erklärung für etwas, für das es vielleicht keine Worte gibt. „Dabei geht es nicht um das geschriebene Gesetz, sondern um ein inneres Gefühl von ‚Das tut man nicht.‘“ Wenn andere es tun, wenn sie ihn betrügen oder verletzen, schmerzt es Burkhardt Unrau im Innersten. Aber seine persönliche Waage pendelt das aus. „Nur Schönes macht auch keinen Charakter“, sagt er.

Zum Schluss wäre da noch dieses eine Zitat, dieser eine Satz, mit dem Martin Luther 1521 in Worms die mutige Verteidigung seiner Lehre beendet haben soll. Fernab von jedem weiteren Vergleich, aber wenn es einen Satz gibt, der das Leben von Burkhardt Unrau zusammenfasst, dann ist es womöglich genau dieser: „Hier stehe ich, ich kann nicht anders.“

Karin Grunewald
Freie Journalistin und Autorin

Inhalt

Dieses Buch widme ich meiner Mutter und
meinem Vater, meiner Frau Ute und meinen
Freundinnen und Freunden, die mir immer ihre Liebe
und Zuneigung geschenkt haben und immer an mich
geglaubt haben und an meiner Seite waren,
in guten und in schwierigen Zeiten!

Burkhardt Unrau

1

Kindheit

Zwischen Kirmes, Milchkannen und Leichenhalle

Geboren wurde ich an einem Kirmes-Sonntag, nämlich dem 10. August 1952, im evangelischen Krankenhaus in Bergisch Gladbach. Es war 10 Uhr morgens und mein Vater Helmut Unrau saß in der Gaststätte Paas und kassierte gerade das Standgeld von den Schaustellern der Laurentiuskirmes. Er war Mitarbeiter der Stadt Bergisch Gladbach im Ordnungsamt und somit auch zuständig für die Kirmes auf dem Konrad-Adenauer-Platz.

Als das evangelische Krankenhaus im Gasthaus Paas anrief und meinem Vater mitteilen ließ, dass seine Frau Ilse Unrau einen Sohn geboren habe, sprangen alle Schausteller auf und eilten ins Krankenhaus. Sie brachten meiner Mutter Blumen, mir Spielzeug und natürlich den ersten Teddybären.

Noch am Abend vorher war meine Mutter auf der Kirmes gewesen und hatte sich mit Frau Schmitz, der damaligen Eigentümerin des Kinderkarussells, unterhalten.
„Ich glaube, das Kind kommt bald; das dauert nicht mehr lange“, sagte Frau Schmitz zu meiner Mutter. „Ich würde Ihnen raten, besser nach Hause zu gehen.“ Sie sollte Recht behalten, denn bereits wenige Stunden später war ich tatsächlich auf der Welt.

Übrigens gibt es dieses Kinderkarussell heute immer noch in Bergisch Gladbach auf der Kirmes. Es gehört der Familie Timm aus Herkenrath und ist Dauergast auf jeder Kirmes der Stadt und zusätzlich auf dem Weihnachtsmarkt.

Tja, was soll ich sagen, das war der Beginn eines spannenden Lebens auf dem Rummelplatz, in Bergisch Gladbach – und überhaupt!

Samstags wurde gebadet – nacheinander!

Die ersten sechs Jahre meines Lebens, also von 1952 bis 1958, wohnte ich mit meinen Eltern und meiner Schwester Birgid, die fünf Jahre älter ist als ich, auf der Straße Am Broich, und zwar genau gegenüber der evangelischen Volksschule, in die meine Schwester bereits ging. Ich hoffte, ebenfalls dort eingeschult zu werden. Doch das ging gehörig schief.

Ein Schulfreund meines Vaters, Erich Kenfenheuer, baute nämlich am Amselweg ein Mehrfamilienhaus für sich, seine Eltern und seinen Bruder. Am Ende war dort noch eine Wohnung frei, und in diese zogen meine Eltern mit uns Kindern ein.

Die Gegend nannte man damals „Neu-Holland“, da die Wohnhäuser auf der Hebborner Straße Glaserker an den Ecken hatten und somit wie in Holland einen freien Blick ins Innere zuließen.

Allerdings war das durchaus purer Luxus für uns! Am Broich hatten wir nur zwei Öfen: einen in der Küche zum Kochen und einen im Wohnzimmer. Badezimmer gab es nicht, nur eine Waschschüssel und eine Zinkwanne. Die Eisblumen auf den Fensterscheiben im Schlafzimmer waren innen.

Gebadet wurde einmal in der Woche, samstags, alle vier in einer Badewanne der Badeanstalt, dem heutigen Hans-Zanders-Bad, in dem ich später auch schwimmen lernte. Zuerst mein Vater, dann meine Mutter, dann meine Schwester und am Ende ich. Die Farbe des Wassers hatte sich bis dahin sichtlich verändert.

In der Wohnung im Amselweg hatten wir eine Zentralheizung, eine Badewanne, eine Dusche und eine separate Toilette. Nur der Schulweg war dafür etwas weiter und beschwerlicher. Alles mussten wir zu Fuß meistern, und nur im tiefsten Winter durfte ich mit dem Bus fahren, denn ein Auto hatten wir nicht.

Gegen den Weg zur Schule waren die ersten sechs Jahre im Kindergarten geradezu ein Vergnügen gewesen, denn der war auf dem Quirlsberg, direkt neben dem Friedhof. Auf dem Rückweg nach Hause schlenderten wir schon mal am Eis De Fanti vorbei, der genau in meinem Geburtsjahr 1952 auf der Hauptstraße gegenüber dem heutigen Forum Park eröffnet hatte. Er hatte das erste originale italienische Eis der Stadt. Eis De Fanti gibt es heute immer noch, zwar mit neuen Besitzern, aber immer noch mit genauso leckerem Eis.

Genau vor der Tür von Eis De Fanti hielt damals die Straßenbahn, mit der wir hin und wieder nach Köln fuhren.

Verstecken spielen in der Leichenhalle

Der Weg führte uns jeden Tag an der Gnadenkirche vorbei, in der ich auch getauft und konfirmiert worden bin. Ich hatte damals schon zwei wunderschöne Spielplätze, nämlich den Rosengarten und den Friedhof. Ja, denn der Vater meines Vaters und danach der Bruder meines Vaters waren Friedhofsgärtner auf dem evangelischen Friedhof auf dem Quirlsberg, und sie haben auch dort gewohnt. Es war schon etwas unheimlich, wenn wir Nachlaufen oder Verstecken spielten in der Leichenhalle.

Doch jetzt im Amselweg war alles neu – und spannend dazu! Neue Freunde und jede Menge neue Häuser, die gebaut wurden und sich bis zum Einzug der neuen Besitzer wunderbar als Spielplatz eigneten.

Hier lernte ich meinen inzwischen ältesten Freund Hans-Gerd Kierdorf kennen, durch den sich die Spielmöglichkeiten rasant erweiterten. Kierdorfs hatten ein sehr großes Haus und ein großes Grundstück mit Sandkasten, großer Rasenfläche und viel Obst an Bäumen und Sträuchern. Ok, bevor wir auf der Wiese Fußball spielen durften, mussten wir den Rasen mähen und das jede Woche.

Wir waren aber eher Straßenkinder und spielten Fußball, Hockey und Rollhockey auf Rollschuhen und im Winter fuhren wir auf der Straße Schlitten und mit Gleitschuhen.

Es gab damals jede Menge Spielplätze: Der Steinbruch der Firma COX, den wir an Wochenenden erkundeten, und natürlich der Baggersee, in dem wir schwimmen gingen. Oder der Fußballplatz im Wald an der Reuterstraße. Daneben war ein FKK-Gelände, das natürlich unsere überaus neugierigen Blicke anzog. Heute ist dort übrigens der Begräbniswald Reuterstraße. Ebenfalls beliebt war der Nußbaumer Wald bis hin zum Mutzerbach, denn da war die Motocross-Strecke, auf der wir täglich mit unseren Fahrrädern und später mit Mopeds herumsausten. Im Winter gab es dort noch eine Rodelbahn für Mutige: Steil, dicht an Bäumen vorbei und kurvenreich ging es den Berg hinab. „Todesbahn“ wurde die Strecke genannt – vor allem, wenn es dunkel wurde.

Der strengste Polizist der Stadt und der Fahrradlenker

Sogar einen alten Kriegsbunker nutzten wir zum Spielen; zumindest die Ruine davon, die als Hauptquartier so mancher unserer Banden diente, so auch der BON, Bande ohne Namen. Aber alles nur nach Recht und Ordnung, denn bei mir gegenüber wohnte der strengste Polizist Bergisch Gladbachs.

Es kam der Tag, an dem ich freihändig den Amselweg herunterfuhr, und ich plötzlich von eben jenem Nachbarn, dem Polizisten, angehalten wurde. Freihändig fahren durfte man nicht, das wusste ich sehr wohl. „Mein lieber Burkhardt“, sagte der Polizist, der Zalfen hieß. „Hast Du einen Knochen bei Dir?“ Knochen war der Fahrradschlüssel, der aussah wie ein Knochen und in der Satteltasche lag. „Natürlich“, murmelte ich etwas verlegen. „Dann hol ihn doch mal raus und schraube Deinen Lenker ab.“ Gesagt getan. Als ich mit hochrotem Kopf den Lenker in der Hand hielt, sagte Herr Zalfen: „Den Lenker brauchst Du ja nicht. Du kannst hervorragend freihändig fahren; das habe ich gesehen. Also kannst Du mir den Lenker geben.“ Ich war völlig perplex und gab ihm wie gewünscht den Lenker. Er bedankte sich höflich und ging nach Hause.

Ich stand da wie ein begossener Pudel und wusste im ersten Moment nicht, was ich machen sollte. Nachdem ich mich beruhigt hatte, ging ich nach Hause, wo meine Mutter bereits auf mich wartete. „Wo ist denn Dein Lenker?“, fragte sie und schaute völlig entsetzt. Weinend erzählte ich ihr die Geschichte und sie sagte: „Das war richtig so und mit einem Fahrrad ohne Lenker kannst Du leider nicht mehr fahren.“ Nachdem ich nicht aufhören wollte zu weinen, nahm sie mich in den Arm und sagte, ich solle am nächsten Tag zu Herrn Zalfen gehen, mich entschuldigen und ihm sagen, dass ich meine Lektion gelernt hätte. Genau das habe ich getan. Meine Mutter ging natürlich mit, und ich bekam meinen Lenker wieder.

Ja, ich habe meine Lektion von damals gelernt, bis zum heutigen Tage!

Unbeschwerte Sommer

Das Fahrrad war besonders im Sommer ein wichtiges Transportmittel, denn wir fuhren in den Sommerferien damit fast täglich ins Freibad nach Herrenstrunden. Über Reuter- und Hornstraße, Am Broich und den Mühlenberg radelten wir in den Wald, immer an der Strunde entlang (übrigens die Keimzelle der Gladbacher Papierindustrie) durch das gesamte Strundetal bis hin zum Freibad Herrenstrunden.

Die Zeiteinteilung unserer Tage war schon toll: morgens in die Schule, mittags nach Hause zum Essen, kurz Hausaufgaben machen und dann ab ins Spieleparadies Natur. Das Essen für den kleinen Hunger zwischendurch gab es dort auch. Obst und Gemüse aus Nachbars Garten waren ein absolutes Muss! Trinkflaschen kannten wir nicht. Brauchten wir auch nicht, denn es gab an jeder Ecke irgendwo einen Wasserhahn, den wir nie leer trinken konnten.

Mein erster medialer Auftritt war in den Sommerferien ein Foto in der Zeitung mit Hans-Gerd Kierdorf und Manfred Kremer, einem Nachbarsjungen, den ich noch heute oft im Restaurant Mykonos treffe: im Sandkasten bei Kremers und versehen mit dem Text, wie gut man doch auch in Bergisch Gladbach seine Ferien verbringen könne.

Milch austragen und Altpapier sammeln

Was nun nur noch fehlte, war, ein bisschen Geld zu verdienen, um sich etwas Süßes leisten zu können. Mein erster Job als Sechsjähriger war Milchjunge. Willi Sahler, der Inhaber des Lebensmittelgeschäfts, fuhr jeden Tag Flaschenmilch aus, und so stellte ich einige Jahre die Milch vor so manche Haustüre.

Dann wurde ich in den Ferien Bierkutscher, denn unser Freund und Vermieter Erich Kenfenheuer und auch die Familie Heuser hatten damals einen Bierverlag.

Aber die genialste Idee hatte dann Hans-Gerd Kierdorf, dessen Vater Direktor bei der Papierfabrik Weig in Bergisch Gladbach war. Diese suchten immer Altpapier und zahlten gutes Geld dafür. So schnappten wir uns eine Schiebkarre und zogen in der Nachbarschaft von Haus zu Haus und sammelten alte Zeitungen ein.

Wir stapelten das Altpapier in Kierdorfs Garage, und wenn genug zusammengekommen war, packten wir alles in den Kofferraum und auf die Rücksitze des Ford 12 M von Hans-Gerds Mutter und ab damit zu Weig. Das Auto auf die Waage, dann alles ausladen und wieder auf die Waage. An guten Tagen gab es für jeden von uns zehn Mark.

Das war ganz schön viel Geld für uns Pänz, zumal wir dank Hans-Gerds Mutter keine Kosten hatten, nur unsere Manpower! Und ja, es gab wirklich viel Altpapier, weil fast monatlich reiche Neubewohner dazu kamen, die alle gleich mehrere Zeitungsabos besaßen. Als Beispiel nenne ich gerne die Familien Quandt, Krüger, Altbürgermeister Fröhling oder den Erfinder und Hersteller des berühmten amerikanischen Großhubschraubers Sikorsky, mit dessen Enkelin Nancy ich in die Schule gegangen bin.

Die Familie Krüger am Meisenweg hatte damals einen Spirituosengroßhandel, in dem nur Gewerbetreibende einkaufen durften – außer den Nachbarn, wie wir. Dass daraus einmal die Weltfirma Krüger Instant entstehen sollte, ahnte damals noch niemand.

Mike Lohmann, der Erfinder

Ich war mittlerweile in der städtischen Realschule gelandet, also nur einen Schulhof von meiner Volksschule entfernt, in der ich auch einen der später bekanntesten Politiker der Republik kennenlernte, nämlich Wolfgang Bosbach, auch Wobo genannt.

Hans-Gerd war auf dem Nicolaus-Cusanus-Gymnasium, wo Mike Lohmann in seine Klasse kam – und ebenso in unsere Nachbarschaft, den Drosselweg. Naja, das Haus kannten wir zwar schon aus der Rohbauzeit. Aber das fertige Ergebnis war schon beeindruckend: ein Hallenschwimmbad, ein Fitnessraum mit Sportgeräten, ein großer Innenhof mit Tischtennisplatte und natürlich Mike Lohmann, dessen Vater Direktor bei Klöckner-Humboldt-Deutz war.

Mike entpuppte sich als der Erfinder schlechthin. Das erste Moped wurde frisiert und umgebaut. Da war auch schon mal die Handbremse der Gaszug.

Den Senkrechtplattenspieler oder den Alkomat (Alkoholtestgerät) oder die Transistorzündung für Autos hatte Mike schon lange selbst hergestellt, bevor es ein anderer auf den Markt brachte.

Auch hat er den ersten Piratensender in unserer Region gebaut und nannte ihn „Radio Jolly Roger International“.

Mike wollte allen Schülerinnen und Schülern einfach nur gute Musik zukommen lassen. So wurde ich Chefmoderator eines der besten Radiosender der Welt.

Wir nahmen jeweils am Abend vorher zwei Stunden Sendung als Konserve auf Band auf und ließen das Ganze dann am nächsten Mittag über den Äther laufen.

Es trug sich eines Tages zu, dass ich nach Hause kam zum Mittagessen mit Vater und Mutter, die beim Essen immer Radio Luxemburg hörten. Auf einmal höre ich meine Stimme im Radio, als ich gerade „Sgt. Pepper's Lonely Hearts Club Band“ von den Beatles ansage. „Oh Gott“, dachte ich und mein Vater sagte nur: „Was für schreckliche Musik spielen die denn heute?“

Ich rannte sofort ins Wohnzimmer und rief Mike Lohmann an, der mir erklärte, dass die Frequenz verrutscht sei. Wir sendeten tatsächlich auf der Frequenz von Radio Luxemburg und hatten dadurch ganz schön viele Zuhörer!

Recht, Ordnung und Geborgenheit

Als ich 15 Jahre alt war, bekam ich von meinen Eltern einen eigenen Hausschlüssel. Ich war mächtig stolz auf das mir entgegengebrachte Vertrauen meiner Eltern! Sie knüpften nur eine einzige Bedingung an diese Freiheit: Sie wollten immer wissen, wann ich wo war.

Mein Vater gab mir noch den Rat, mich immer an Recht und Ordnung zu halten, und wenn es Probleme gäbe, sollte ich auf jeden Fall mit meinen Eltern darüber reden. Das habe ich bis zum Schluss, vor allem bis zum Tode meiner Mutter, so gehalten. Und da war ich schon 63 Jahre alt.

Gut behütet durch unsere Eltern aufgewachsen, den Polizisten als direkten Nachbarn gegenüber, der Bürgermeister auch nicht weit weg und dazu noch Doktoren, Direktoren, Erfinder und Firmeninhaber, aber auch der Briefträger, dessen Namen jeder kannte oder die Müllmänner, die besonders freundlich zu uns Kindern waren, und alle Handwerker, die wir durch die vielen neu gebauten Häuser sowieso alle kannten: Was sollte uns da schon passieren?

Der albtraumhafte Kartoffelsalat

Einen kleinen Wermutstropfen gab es dann aber doch in meiner Kindheit.

Als ich neun Jahre alt war, schickten mich meine Eltern in den Sommerferien mit einer Landverschickung für drei Wochen nach Bayerisch Gmain im Berchtesgadener Land zur Erholung. Meine Eltern hatten es gut gemeint; weil ich ein langer dünner Kerl war, sollte ich bei gesunder Luft zunehmen. Doch für mich als Neunjähriger war es bereits ein Albtraum, ganz alleine zu sein – und dann noch weit weg von zu Hause!

Doch es kam noch schlimmer, denn eines Tages gab es etwas zum Mittagessen, was ich noch nie gegessen hatte, und ich mochte es einfach nicht. Es waren halb rohe Kartoffeln, rohe Zwiebeln und eine weißliche Soße. Das sollte wohl Kartoffelsalat sein!

Ich verweigerte das Essen, und es dauerte mindestens eine Stunde, bis ich endlich aufstehen und zu den anderen Kindern gehen durfte. Ich bekam keinen Ersatz, hatte also nichts gegessen. Zum Abendessen stand dann plötzlich wieder der Teller mit dem von mir nicht gegessenen Kartoffelsalat vor mir, und mir wurde schon schlecht vom Hinsehen. Auch das abendliche Sitzen dauerte wieder ewig, und ich bekam nichts anderes zu essen. Ich wurde tatsächlich ohne Essen ins Bett geschickt.

Ein ziemlich böser Betreuer sagte zu mir: „Das bekommst Du jetzt so lange vor die Nase gestellt, bis Du es gegessen hast. Vorher gibt es nichts anderes." Ich weinte bitterliche Tränen und schlich ins Bett. Hunger hatte ich auch. Ich war doch schon so dünn, und überhaupt sollte ich doch eigentlich zunehmen. Wie sollte das so klappen?

Unser Schlafzimmer war ein riesengroßer Schlafsaal für alle Kinder. Wir mussten uns waschen und auf die Toilette gehen und dann ab ins Bett. Nach einer Kontrolle, ob alle da sind, wurde das Licht ausgemacht und die Türe abgeschlossen.

Uns wurde noch gesagt, dass wir in der Nacht nicht auf die Toilette gehen dürfen. Wenn wir also müssten, sollten wir bis zum nächsten Morgen einhalten. Was war das denn?

Ich kam mir vor wie im Gefängnis oder in einem Straflager. Das Problem mit dem Pipimachen haben wir damals schnell gelöst, wir pinkelten einfach aus dem Fenster.

Der Hausmeister als Retter in der Not

Am nächsten Morgen war der Spuk mit dem miesen Kartoffelsalat Gott sei Dank vorbei und ich durfte ganz normal frühstücken. So hatte ich dann eigentlich drei schöne Wochen mit netten Kindern und viel Natur, denn wir waren die meiste Zeit draußen.

Dann kam der Tag der Abreise. Und was gab es zu essen? Ja, es gab tatsächlich wieder Kartoffelsalat. Ich dachte: „Okay, esse ich eben nichts. Ich bin ja heute wieder zu Hause." Doch weit gefehlt! Eine Betreuerin sagte zu mir: „Du darfst erst Deinen Koffer packen, wenn Du alles aufgegessen hast, sonst musst Du hierbleiben."

Für mich brach eine Welt zusammen, und ich habe bitterlich geweint. Ich hatte fürchterliche Angst, dass ich nicht mit nach Hause fahren durfte. Also stopfte ich das Essen mit Gewalt in mich hinein, kaute kaum und schluckte einfach alles runter. „Na, geht doch", meinte die Betreuerin und schickte mich aufs Zimmer zum Kofferpacken.

Ich war kaum dort angekommen und wollte schnell alles einpacken, da wurde mir übel, und ich schaffte es gerade noch zum Waschbecken, als der scheußliche Kartoffelsalat in einem großen Schwall aus mir herausbrach. Die Betreuerin eilte heran, schrie mich an und gab mir eine Ohrfeige. Das Waschbecken war verstopft und randvoll. Ich saß da und weinte und weinte und weinte.

Da kam der Hausmeister vorbei und sah mich weinend dort sitzen. Es war der erste nette und freundliche Mensch im ganzen Haus. Er hatte Mitleid mit mir und sagte: „Mein Junge, mach Dir nichts draus, pack schnell Deinen Koffer, ich mach das hier schon.“ Er holte eine Wasserpumpenzange, schraubte den Abfluss auf, entfernte mein Erbrochenes und putzte auch noch alles sauber.

Ja, das war nicht schön dort! Mein weiteres Leben war ab sofort mit diesem Erlebten verbunden, denn immer dann, wenn ich eine rohe Zwiebel im Essen hatte und darauf biss, musste ich mich sofort übergeben. Ich habe etwa 40 Jahre gebraucht, bis mir das Erlebte wieder einfiel! Das Trauma saß erstaunlich tief. Als ich das Erlebte verarbeitet hatte, konnte ich zum ersten Mal rohe Zwiebeln essen, ohne mich zu übergeben.

2
Jugendjahre
Die erste große Liebe hieß Musik

Ich bin und war immer ein neugieriger Mensch und wollte immer Neues entdecken. Mit dieser Einstellung erweiterten sich meine Bewegungsmöglichkeiten immer wieder aufs Neue.

Morgens Schule, nachmittags mit den Jungs Blödsinn machen. Und abends? Ich lernte jetzt ältere Freunde kennen, ich trank das erste Bier und rauchte die erste Zigarette.

Abends fuhren wir dann auch schon mal in die Stadt und das hieß damals, man fuhr nach Köln, wo das Nachtleben tobte. Die älteren Jungs hatten schon den Führerschein und sogar ein Auto. Also ab nach Köln, in die einschlägigen Clubs oder Diskotheken.

Mit Tennisschläger und Omo-Eimer

Die Beatles hatten ganze Arbeit geleistet und so gab es in Köln bereits eine gut funktionierende Musikszene. Jedes Wochenende wurde Livemusik gespielt, und es waren wirklich die später hoch angesagten Bands aus England zu bestaunen.

Das hatte zur Folge, dass ich immer öfter mit Hans-Gerd in Kierdorfs Keller saß und wir die sogenannte Beatmusik aus dem Radio hörten. Davon animiert, schnappte sich Hans-Gerd einen Tennisschläger und spielte plötzlich Bass. Ich nahm Mutter Kierdorfs Omo-Eimer, die mit Waschmitteln gefüllt in der Waschküche standen, schüttete sie aus und drehte die aus Pappe bestehenden runden Behälter einfach um. Schon hatte ich ein Schlagzeug!

So spielten wir lange zusammen und ich erlernte rein autodidaktisch das Schlagzeugspielen.

Dann kam Weihnachten und Hans-Gerd bekam von seinen Eltern einen echten Höfnerbass (Beatles Bass) geschenkt! Die ersten eigenen Töne waren der absolute Wahnsinn! Der Bass wurde einfach ans Radio angeschlossen und ich trommelte mit Schraubenziehern auf den Omo-Eimern rum.

Dann kam der Geistesblitz! Erich Kenfenheuer hatte damals schon eine Musikkapelle, mit der er auch im Karneval sehr erfolgreich war. Ich erinnerte mich, dass er in seinem Keller noch ein altes Jazzschlagzeug stehen hatte. So fragte ich ihn, ob ich mir das mal leihen könnte. Er tat das sehr gerne, und so schleppten wir das Schlagzeug in Kierdorfs Keller, bauten es auf – und ab ging die Post! Zu uns stieß noch Martin Kahl aus der Nachbarschaft, der bereits sehr geübt war an der Gitarre. Mit Rudolf Bieker, einem Schulfreund von Hans-Gerd, der ebenfalls Gitarre spielte, war die Band komplett. Wir nannten uns Glair. Wir waren sehr fleißig, übten, komponierten eigene Stücke und probten, was das Zeug hielt.

Basta? Niemals! Wo ein Wille ist, ist auch ein Weg.

Aber da gab es noch ein Problem. Ich hatte ein altes Jazzschlagzeug und der Beatsound wollte sich einfach nicht einstellen. So musste dringend ein Schlagzeug her. Ich fragte also meine Eltern, ob sie mir eins kaufen würden. Die hatten für sowas aber kein Geld und sagten: „Du kannst ja noch nicht einmal Noten lesen. Und musikalisch bist du auch nicht. Das schaffst du nie. Basta!“

Was für eine Enttäuschung, eine Welt brach zusammen!

Doch dann packte mich der Ehrgeiz, und ein unbändiger Wille stieg in mir hoch, es mir und vor allem meinen Eltern zu beweisen, dass ich das sehr wohl schaffe. Eines Tages fand ich eine Anzeige in der Zeitung, über die jemand ein komplettes Schlagzeug zu verkaufen hatte. Also hingefahren, angeschaut, begeistert gewesen – aber kein Geld.

Okay, Papier sammeln? Das dauert viel zu lange. Schließlich kam mir der Zufall zu Hilfe, denn auf der Odenthaler Straße machte gerade die Malteser Apotheke von Ulrich

Hohmann auf, und dieser suchte einen Medikamentenausfahrer; für zwei Stunden am späten Nachmittag. Hingefahren, vorgestellt, Job bekommen, Problem gelöst! Das Schlagzeug konnte ich aber nur kaufen, weil der Verkäufer mit Teilzahlungsraten einverstanden war.

Ich war der glücklichste Mensch auf Erden: Schüler, das Kind, das immer noch spielt, Teilzeitjobber und Musiker und abends ein Bierchen im Postkeller mit Freunden.

An den Wochenenden jobbte ich auch noch auf der Kirmes. Ich kassierte auf der Raupe, denn damals wurde noch mit Bargeld bezahlt. Auf- und abspringen während der Fahrt war für mich das Größte und dann, wenn das Verdeck zu ging, Mädels knutschen! Später habe ich im Fahrerstand gestanden, fuhr die Raupe, legte Schallplatten auf und rekommandierte, das heißt, ich animierte die Kirmesbesucher zum Fahren und begleitete die Fahrt mit witzigen Sprüchen.

Der Tag der Tage

Dann kam der Tag der Tage, wir schrieben das Jahr 1968. Hans-Gerd erzählte, dass beim alljährlichen musischen Wettbewerb erstmals die Kategorie Beatmusik eingeführt werden sollte. Der Wettbewerb wurde jedes Jahr kurz vor den Ferien in der Aula des Nicolaus-

Impressionen: Kinder-, Jugend- und Musikbilder

1. Warten auf den Karnevalszug mit Schwester Birgid und Eltern.
2. 8 Monate nach der Geburt in der Obhut der Familie.
3. Als Fünfjähriger mit dem Rädchen im Rosengarten.
4. … auf der Schaukel.
5. Blumenkind Klein-Burkhardt.
6. Auf der Schulbank neben Nancy Sikorsky.
7. Konfirmation 1967 durch Pfarrer Helmut Hochstetter.
8. Mit dem ersten Käfer in Hindelang.
9. Mit Hans-Gerd Kierdorf und Manfred Kremer am Amselweg im Sandkasten
10. Anfang der 1970er Jahre auf der Raupe von Hubert Willems.
11. Abschlussfahrt in die Partnerstadt Luton, ganz rechts Jürgen Fritz neben Bur hardt.
12. Original Eintrittskarte zum Deep Purple Konzert 1970 in der Queen Elizabe Hall in London.
13. Abschlussklasse Realschule 1970 hinter Klassenlehrer Flügel.
14. Wechsel in die Realschule mit Lehrer Maaßen.
15. 1. Schuljahr 1959, Klein-Burkhardt rechts neben der Lehrerin Frau Winkel.
16. Mit Hans-Gerd Kierdorf im „Kotzmühlchen" auf dem Pferdekarussell.
17. Die Raupe von Hubert Willems in den 1980er Jahren.
18. Sicher auf Vaters Arm mit dem Kirmesmaskottchen „Eisbär" auf der Pfing kirmes.
19. 21. Geburtstag mit Mutter Ilse und dem väterlichen Freund Hubert Willer und seiner Frau Marlies.
20. Als 15-jähriger mit Vater und Mutter an der Schießbude.

21 bis 24. Der letzte große Auftritt als Gastmusiker 2015 im Robinson Club Cala Sere mit Alberto, Marika und Gunter.

25. Burkhardt unterstützt die Birds bei ihrem Auftritt auf dem Autoscooter.

26. Was für ein Schlagzeuger …, 50ster Geburtstag auf dem Autoscooter Route 6

27 oben. Erster Weihnachtsengel mit Wolf Simon, Jürgen Fritz und Tommy Eng (v.l.n.r.) im Zelt auf der Pferderennbahn in Köln-Weidenpesch.

27 unten. Überraschungsauftritt von Grant Stevens, Elke Schlimbach und Jürgen Fr (v.l.n.r.).

28. Burkhardt mit Jürgen Fritz und Hottie Förling beim Sound-Check.

29 bis 31. Er trommelt und trommelt immer weiter.

32. Erster Auftritt 1968 in der Aula des NCG beim musischen Wettbewerb mit d Band Glair.

33 und 34. Er trommelt immer noch.

35. Fly Dirt Auftritt bei Rockin`Sunday.

36. Burkhardt mit Albrecht Ruppert an der Hammond Orgel.

37. Auftritt mit Hans-Gerd Kierdorf im Löstigen Dreck.

38. Vorderseite Plattencover Gladbach Freunde von Fly Dirt.

1

2

3

4

5

6

7

8

9

10

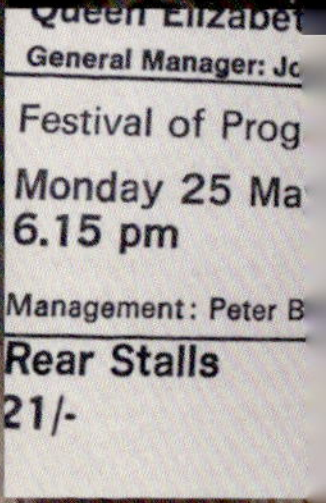

Queen Elizabet
General Manager: Jo
Festival of Prog
Monday 25 Ma
6.15 pm
Management: Peter B
Rear Stalls
21/-

11

13

14

15

16

17

18

19

20

ROCKIN' SERENA
ROCKIN' SERENA

21

ROCKIN' SERENA

2

SERENA

23

ROCKIN' SERENA

24

25

26

27

28

29

30

31

2

33

34

35

36

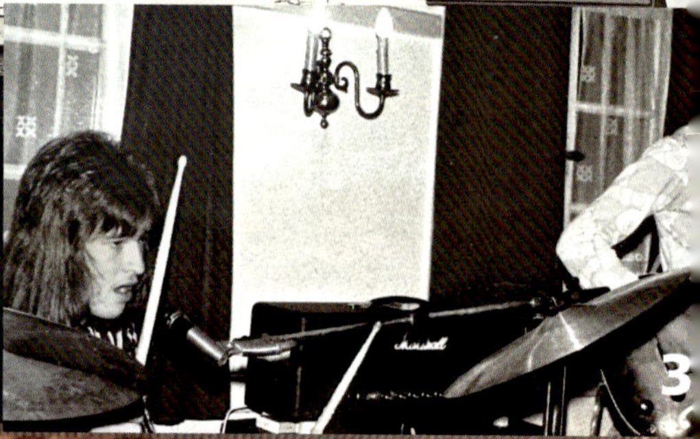

3

38

Cusanus-Gymnasiums (NCG) von Schülerinnen und Schülern der Schule ausgetragen.

Wir waren begeistert und steigerten uns bei den Proben bis zum Anschlag! Und ja, wir meldeten uns an.

Meine Eltern wussten weder, dass ich ein Schlagzeug gekauft hatte, noch dass wir unseren ersten öffentlichen Auftritt haben würden. Der Rest ist schnell erzählt. Es hatten sich nur zwei Bands getraut und somit gemeldet und nachdem beide vorgespielt hatten, gab es zwei Sieger. Sehr demokratisch und einfach nur toll für beide Bands. Übrigens: Die zweite Band war mit Wolf und Hans Maahn, beide ebenfalls Schüler auf dem NCG, besetzt, die später die Musik zu ihrem Beruf machten, immer sehr erfolgreich waren und es bis heute sind. Die Band der beiden hieß übrigens Otteauxbeesmarch.

Das Vorspielen und die Bewertungen fanden vor 600 Schülern des NCG statt, und die Sieger durften sich dann vor 600 Eltern und Lehrern noch einmal präsentieren und ihre Auszeichnung abholen.

Als ich meine Eltern zu diesem Abend eingeladen habe, gab es einige Verwirrung bei uns zu Hause. Sie konnten das alles überhaupt nicht glauben. Als es dann aber so weit war und wir einen großartigen Auftritt hingelegt hatten, waren sie begeistert – und verdammt stolz auf ihr Söhnchen.

Konfirmandenunterricht und Torwartnöte

Stolz waren meine Eltern auch, als ich ein Jahr zuvor konfirmiert wurde und gleichzeitig Stadtmeister der Schulmannschaften im Fußball wurde. Doch der Reihe nach.

Um konfirmiert zu werden, musste man vorher den Konfirmandenunterricht besuchen. Das kollidierte bei mir leider mit dem Fußballtraining, sodass ich den Konfirmandenunterricht des Öfteren schwänzte. Das gefiel dem damaligen Pfarrer Helmut Hochstetter ganz und gar nicht, und er drohte mir, aber auch meinen Eltern, mich nicht zu konfirmieren.

Das war für mich eine Katastrophe, da ich unbedingt Fußball spielen wollte. Mein Problem war: Ich war Torwart und der zweite Mann war mindestens genauso gut wie ich. Also machte unser Trainer, der auch unser Sportlehrer war, Druck: „Wenn du nicht zum Training kommst, dann spielt der andere."

Ich habe es irgendwie hinbekommen, denn ich wurde von Pfarrer Hochstetter konfirmiert, und ich wurde nach einem 2:1 Sieg im Endspiel Stadtmeister mit der Realschulmannschaft. Damals stand in der Zeitung: „Nach einem guten Spiel hielt der Torwart den Sieg fest!"

Das Spiel fand auf dem heiligen Rasen unseres wunderschönen Stadions, heute BELKAW-Arena, statt und mein Vater war mächtig stolz auf mich, zumal er vor dem Krieg für den SV Bergisch Gladbach 09 spielte, aber nach dem Krieg nicht mehr eingesetzt werden konnte, weil ihm im Krieg die rechte Hand abgeschossen worden war. Nur dem berühmten Professor Sauerbruch hatte er es zu verdanken, dass er überhaupt überlebt hatte, denn dieser hatte in Berlin erfolgreich die Amputation durchgeführt.

Der SV Bergisch Gladbach 09 war im Jahr 1953 deutscher Meister im Fußball bei den Amateuren geworden. Nach Erzählungen meines Vaters war ich mit ihm bei der Meisterfeier „Am Kradepohl“ dabei. Ich war gerade ein Jahr alt, kann mich persönlich also nicht daran erinnern.

Wer bitte ist Deep Purple?

Es war wohl doch alles ein bisschen zu viel auf einmal, was ich da am Start hatte. Das Ergebnis war, dass ich 1968 nicht versetzt wurde und somit eine Ehrenrunde drehen musste.

Was für ein Glück, denn dadurch lernte ich einen meiner besten Freunde, nämlich Jürgen Fritz kennen. Er spielte wie ich Fußball und war leidenschaftlicher Musiker; zuerst am Schlagzeug und dann an den Keyboards. Für ihn stand damals schon fest, dass er Musiker werden wollte.

Ich nehme es vorweg: Das hat er geschafft! Für mich ist er einer der besten Keyboarder und Komponisten der Welt! Er begeisterte mich mit seinem Spielen auf einer für mich bis dahin völlig unbekannten Hammond-Orgel mit Lesley.

Doch der Höhepunkt erfolgte auf unserer Abschlussfahrt nach Erreichen der mittleren Reife.

Im Mai 1970 fuhren wir für eine Woche nach England, in unsere Partnerstadt Luton. Es war so üblich, dass man einen Abend ins Theater ging, für das Kulturelle. Doch Jürgen hatte eine andere Idee und konnte unseren Lehrer überzeugen, doch ein Rockkonzert zu besuchen.

Wir waren sechs oder sieben Leute, die nicht ins Theater wollten und machten uns auf in die Queen Elizabeth Hall in London, um Deep Purple zu sehen. Keiner von uns wusste, wer das war, nur Jürgen hatte Ahnung. Es war ein wahnsinnig gutes Konzert, ich war total beeindruckt und begeistert von dieser Musik. Das Besondere für mich war, dass wir alle auf Stühlen saßen, halt wie im Kino, und nach jedem Stück gab es brav Applaus und danach kam das nächste Lied.

Ein unglaubliches Erlebnis für mich, mit einem noch unglaublicheren Ausgang. Nur wenige Wochen später kam Deep Purple in Deutschland mit der LP Deep Purple in Rock auf den Markt und ich kannte diese Musik schon.

Die Geburtsstunde von Fly Dirt

Meine musikalische Entwicklung wurde ganz klar von meinem Freund Jürgen beeinflusst, zumal er bereits 1969 die Gruppe Triumvirat gegründet hatte und ein absoluter Fan von Keith Emerson war, der mit The Nice und Emerson, Lake und Palmer neue Maßstäbe in der Musik setzte. Es waren auch bei mir die beiden Stücke „America“ und „Rondo“ von Keith Emersons Band „The Nice“, die mich selbst zu einer neuen Bandformation trieben.

Hans-Gerd und ich hatten uns 1969 getrennt und gehörten beide unterschiedlichen Bands an. Nun fanden wir wieder zusammen. Es war 1970 beim Sommerfest des Hockey- und Tennisclubs Rot-Weiß Bergisch Gladbach, damals direkt hinter dem Hans-Zanders-Bad, als wir erstmals wieder zusammen spielten. Hans-Gerd hatte sich bis dahin mit dem Keyboarder Albrecht Ruppert, der auch eine Hammond-Orgel spielte, zusammengetan. Die Band hatte nicht genug Stücke im Programm und so fragte mich Hans-Gerd, ob ich nicht Lust hätte, mit ihm und Albrecht Ruppert eine Session-Einlage zu geben. Ich stimmte gerne zu. Wir spielten eine gefühlte Ewigkeit die Nummer Rondo und konnten kein Ende finden. Das begeisterte Publikum wollte uns einfach nicht mehr von der Bühne lassen.

Auf dem Heimweg beschlossen wir, eine neue Band zu gründen. Doch wie nur sollten wir das unseren alten

Bandkollegen sagen? Es ist uns nicht leichtgefallen das durchzuziehen, aber letztlich war es die Geburtsstunde von Fly Dirt, die Dreierbesetzung Keyboards, Bass und Schlagzeug. Unsere Vorbilder waren ganz klar Triumvirat, Emerson, Lake und Palmer, aber auch Deep Purple, wobei ich so auch zum Leadsänger wurde, zusätzlich zum Schlagzeug spielen!

Mit Manager und Roadies on Tour

Wir hatten in Bergisch Gladbach damals fantastische Möglichkeiten für Auftritte in Jugendheimen, in Kneipen mit kleineren Sälen aber auch in legendären Kneipen, wie der Mexikobar an der Ecke Laurentiusstraße, Odenthaler Straße, einfach Mex genannt, im Kanapee neben dem Victoria Kino auf der oberen Hauptstraße (das hieß vorher Oase und wurde von Hans-Gerd Kierdorf mitgegründet), der Buchmühle hinter der Laurentiuskirche und sogar im Postkeller neben dem heutigen Peek & Cloppenburg in der Fußgängerzone, wo wir nur für Essen und Trinken spielten. Im Löstigen Dreck, gegenüber dem Mex, begleiteten wir jede CDU-Wahlveranstaltung. Ob gewonnen oder verloren wurde, das war egal. Auch Wobo war immer dabei. Dort spielte ich das erste Mal mit Jürgen Fritz zusammen, weil unser Keyboarder nicht konnte. Geld haben wir nicht verdient, aber Spaß hatten wir immer!

Kleine Erinnerung am Rande: An der Kreuzung Laurentiusstraße, Odenthaler Straße und Rommerscheider Straße war damals die erste und einzige Ampelanlage ohne Lichtzeichen in Bergisch Gladbach. Die hing in der Mitte über der Kreuzung und es drehte sich ein Pfeil ganz langsam rund. Wenn der Pfeil auf dem grünen Feld war, durfte man fahren und wenn der Pfeil auf dem roten Feld war, musste man stehen bleiben.

Fly Dirt spielte auf dem legendären Open-Air-Konzert Rocking Sunday im Stadion an der Paffrather Straße vor 3.000 Zuschauern. Dort spielten auch Triumvirat als Top Act, Birth Control, Franz K, Dickerboom und Eiliff. Zum Auftritt von Triumvirat kam es – zum Entsetzen aller Besucher – leider nicht. Nach dem Auftritt von Birth Control, gegen zehn Uhr am Abend, rückte die Polizei an und stellte den Strom ab, um für Ruhe zu sorgen.

Ein Jahr später spielten wir auf einem Festival über zwei Tage in der Schule Saaler Mühle, mit Bands wie Hardin+York, Karthago, Ufo, Amon Düül 2, Guru Guru, Stan Webbs Savoy Brown, Sound Edge, Misfits und ebenfalls Triumvirat. Diesmal durften sie spielen – und wie!

Einer der schönsten Auftritte für mich war jedoch wieder in der Aula des NCG, nämlich die Christmas Party 1973 mit der X-Mas Band! Unter der Leitung von Jürgen Fritz standen 13 Musikerinnen und Musiker auf der Bühne, und das Besondere daran war, dass alle Instrumente doppelt besetzt waren. Zwei Schlagzeuger, zwei Keyboarder, zwei Bassisten, und so fort. Dabei waren nicht nur Jürgens Cousine Elke, sondern auch deren Bruder Helmut Köllen, der mittlerweile Sänger und Bassist bei Triumvirat war.

Wir hatten damals mit Wolfgang Halm schon einen richtigen Manager. Und natürlich Roadies. So spielten wir nicht nur in Bergisch Gladbach, sondern auch weit über unsere Stadtgrenze hinaus, zum Beispiel in Dorsten.

Kaufmann, Kirmes, Krimihefte

Aber zurück ins Jahr 1970, wo ich gemeinsam mit meinem Freund Jürgen Fritz die mittlere Reife erlangte. Ich dachte: „Endlich keine Schule mehr! Das Leben besteht nur noch aus Kirmes und Musik!“ Doch weit gefehlt. Meine Eltern hatten etwas dagegen.

Ich sollte einen anständigen Beruf erlernen. Nur welchen, das war mir überhaupt nicht klar. So nahm mich mein Vater an die Hand und ging mit mir zur Firma Köttgen, die damals Transportgeräte in Bergisch Gladbach herstellte. Mein Vater kannte den Personalchef und so bekam ich eine Lehrstelle als Industriekaufmann. Nach zweieinhalb Jahren schloss ich die Ausbildung erfolgreich vor der IHK zu Köln ab. Danach blieb ich bei der Firma Köttgen und landete in der Verkaufsabteilung. Dort habe ich mich ein- und hochgearbeitet bis zum stellvertretenden Verkaufsleiter, bis ich die Firma Köttgen im Jahr 1983 dann verließ.

Köttgen war zu Beginn meiner Lehrzeit noch an der Paffrather Straße, gegenüber der Reuterstraße, es gab noch keinen Kreisverkehr. Später zog die Firma mit dem Bürogebäude auf die Jakobstraße, dorthin, wo heute der OBI ist. Die Arbeit bei Köttgen hat mir viel Spaß gemacht und ich habe dort das Rüstzeug für den in mir steckenden Kaufmann von der Pike auf gelernt.

Im wirklichen Leben aber machte ich weiter Kirmes und Musik. Von montags bis freitags von 8.00 Uhr bis 17.00 Uhr Firma Köttgen, zweimal die Woche Probe mit Fly Dirt und am Wochenende ab auf die Kirmes. Zwischendurch schnell noch ein Auftritt mit der Band am Wochenende oder irgendwo zu einer heißen Fete.

Die Feten fanden meistens bei Freunden statt, deren Eltern gerade Urlaub machten. Zum Beispiel auch bei Stefan Lübbe, dessen Vater den Bastei Verlag gegründet hatte, bei dem wir immer unsere Krimihefte des legendären Jerry Cotton holten. Jerry Cotton war ein Agent ähnlich wie James Bond.

In dieser Zeit begann wirklich der Ernst des Erwachsenenlebens.

3

Der Ernst des Lebens

Erstes Auto, erste Wohnung, erste Hochzeit

1971 bekam ich mein erstes Auto, einen zehn Jahre alten VW Käfer. Das Geld für das Auto bekam ich von meinen Großeltern mütterlicherseits. Die waren damals sehr sparsam.

Ich erinnere mich sehr gut, dass wir als Kinder immer sonntags mit meinen Eltern zu Omi und Opa gegangen sind, zum Kaffee. Wenn es im Winter dunkel wurde, konnte ich die Hand vor Augen nicht mehr sehen. Es wurde aber kein Licht angemacht. Das dauerte ewig und die Omi sagte immer, wir müssen sparen. Als ich dann das Geld für den Käfer bekam, sagte sie zu mir: „Siehste Junge, jetzt weißt Du, wofür das Sparen gut war!"

Meine Großeltern Marie und Emil Naffin, die Eltern meiner Mutter, waren im Krieg aus Neustettin mit meiner Mutter und ihrer Schwester geflohen und dann in Weißenfels an der Saale hängengeblieben. Sie hatten alles verloren, auch Haus und Grund. Meine Mutter lernte meinen Vater als Soldaten in Litzmannstadt kennen und kam nach ihrer Hochzeit 1944 mit ihm nach Bergisch Gladbach zurück.

Ich kann mich erinnern, als ich noch ziemlich klein war, so fünf oder sechs Jahre alt, besuchten wir meine Großeltern in Weißenfels mit dem Zug. Ich weiß noch wie heute, dass ich mich immer schlafend stellen musste, wenn die Passkontrolle an der Grenze zur DDR erfolgte. Ich lag also immer auf einer Decke und unter mir lagen Dinge für meine Großeltern, die man nicht mitnehmen durfte. Wenn die Kontrolle vorbei war, atmeten meine Eltern auf, und ich bekam etwas Süßes.

Wohnen über Särgen mit Blick auf Köln

Nach einem weiteren Käfer folgte der erste Ford Capri, mit 90 PS und sechs Zylindern. Mit diesem Auto hatte ich meinen einzigen schweren Autounfall. Auf der Rückfahrt vom Auftritt mit Fly Dirt bei dem Festival in Langerwehe kollidierte ich mit einem VW Käfer, dessen Fahrer mir ohne Licht und mit ca. drei Promille auf meiner Fahrspur entgegenkam. Ich habe im letzten Moment einen Schatten gesehen und dann das Lenkrad rumgerissen, sodass der Käfer voll gegen meine Hinterachse krachte, mein Fahrzeug sich mehrmals auf der nassen Straße drehte und dann im Graben liegen blieb.

Gott sei Dank ist uns nichts passiert. Mein Freund Conny Nickl, den ich im Postkeller kennengelernt hatte und der mit mir im Auto saß, hatte sich lediglich den Kopf gestoßen.

Der Käfer entfernte sich vom Unfallort, obwohl vorne alles kaputt war. Doch der Motor war ja hinten und unbeschädigt, und so fuhr er einfach weiter in die dunkle Nacht. Das war dann ja auch noch Fahrerflucht, die aber alsbald beendet wurde. Der Käfer fuhr in einer Kurve geradeaus und landete in einer Mauer. Meine Bandkollegen und Roadies hielten den Fahrer bis zum Eintreffen der Polizei fest.

Der nächste Ford Capri wurde dann im Autohaus Lüttgen auf der Odenthaler Straße gekauft, wo auch meine Eltern immer ihre Autos kauften. Alles hatte mit einem 17 M angefangen.

Die erste Wohnung hatte ich 1975 allerdings in Bensberg, unserer Nachbarstadt, über dem Bestattungshaus Altenrath. Unter meinem Appartement wurden die Särge für die Toten hergerichtet, aber ich hatte einen tollen Ausblick auf Köln und konnte sogar den Kölner Dom sehen. Kurze Zeit später wurden Bergisch Gladbach und Bensberg durch die Gebietsreform zusammengelegt.

Hochzeit in Hindelang

Ich lernte meine erste Frau Susanne bei der Firma Köttgen kennen und lieben und 1978 wurde geheiratet und zwar in Hindelang im Allgäu. Das war zehn Jahre lang mein Urlaubsdomizil, wohin ich schon mit meinen

Eltern gefahren war. Im Gästehaus Agerer in Hindelang hatte ich schnell eine tolle Freundschaft zu den Töchtern des Hauses, Ursel und Christa, aufgebaut, und so fuhr ich auch schon mit meinem ersten Käfer, Sommer wie Winter dorthin. Und das sogar ohne Winterreifen! Unglaublich, oder?

Die erste gemeinsame Wohnung hatten wir in der gerade neu gebauten Weißenberger Wohnanlage auf der Mülheimer Straße, die von dem damals erfolgreichsten Bauunternehmer unserer Stadt anstelle des Schlachthofes gebaut worden war. Jeder Mitarbeiter dieser Firma bekam damals einen roten Opel Kadett geschenkt, was bundesweit für großes Aufsehen sorgte.

Die Lebensweisheit der Schausteller

Zurück zur Kirmes. Dass sich mein Leben durch meine Hochzeit verändern würde, war eine logische Konsequenz. Die Wochenenden verbrachte ich nicht mehr auf der Kirmes, oder zumindest weniger. Aber durch meine Zeit auf der Raupe, die dem Bonner Schausteller Hubert Willems gehörte, hatte ich auch dessen Verwandtschaft und die Bonner Schausteller kennengelernt.

Zu ihnen gehörten Günter und Rudolf Barth, Marcel Markmann und deren Familien. Rudolf Barth wurde später der uneingeschränkte Achterbahnkönig auf der Reise. Vom 2er-Looping über den 3er-Looping bis hin zum selbst entwickelten und gebauten 5er-Looping – dem heutigen Olympia-Looping, der größten transportablen Achterbahn der Welt.

Ich konnte durch diese Kontakte meinem Vater immer wieder interessante Fahrgeschäfte für unsere Kirmessen in Bergisch Gladbach besorgen. 1980 ging mein Vater nach 40 Jahren Dienst für die Stadt Bergisch Gladbach in den verdienten Ruhestand.

Das Jahr 1980 war kein leichtes für mich. Es war ein trauriges Jahr, denn ich verlor mit Hubert Willems einen väterlichen Freund, von dem ich viel gelernt hatte. Nur vier Wochen später starb auch seine Frau Marlies.

Die Raupe blieb mir aber erhalten, denn Marcel Markmann hatte sie übernommen.

Meine Schaustellerfreunde haben mein Leben geprägt. Hubert Willems Spruch „Geht nicht – gibt‘s nicht“ wurde einer der Leitsprüche für mein ganzes Leben. Und dann war da ja noch Günter Barth, der seit 1978 mit seinem Autoscooter nach Bergisch Gladbach kommt. Das ist der Mensch, der mir beigebracht hat, dass es für jedes Problem eine Lösung gibt.

Auf meinen Vater im Ordnungsamt folgte ein kurzes Vakuum, und ich musste mich zum ersten Mal lautstark für unsere Kirmes einsetzen. Der Nachfolger hatte allen

Stammbeschickern eine Absage erteilt, und es gab große Aufregung unter den Schaustellern. Sie rückten mit Anwälten und dem Deutschen Schaustellerbund DSB in unserem Rathaus an, und das Ergebnis war die Rücknahme aller Absagen.

An die Stelle meines Vaters trat dann Gott sei Dank Hans Pütz, mein alter Schulfreund aus Realschulzeiten.

4

Findungsjahre

Sex and Drugs and Rock and Roll

1981 ging meine Ehe in die Brüche. Ich hatte einfach viel zu früh geheiratet, denn ich hatte mich noch nicht richtig ausgelebt. Dafür gab es leider nur eine Lösung, nämlich die Scheidung.

In der Folge stellte ich mir permanent die enttäuschende Frage: „War es das jetzt?“ Nein, natürlich nicht. Bis heute habe ich diesen Moment „das war es jetzt“ noch nicht erlebt.

Damals kam auf jeden Fall Jürgen Fritz und fragte mich, ob ich Interesse hätte, bei ihm im Tonstudio Hitdorf mitzumachen. Nach kurzer Überlegung sagte ich ja, kündigte kurzerhand meinen tollen, sicheren Job und stieg so richtig klassisch aus.

Ein großartiges neues Leben begann.

Anfangs machten wir nur noch Musik und verbrachten die meiste Zeit im Studio. Da wir davon nicht leben konnten, produzierten wir zunächst Werbejingles fürs Radio. Später kam das Synchronisieren von ausländischen Filmen dazu. Die Zeit der Videotheken war angebrochen, und die Nachfrage wuchs und wuchs. Es brauchte dringend massenhaft Videofilme – natürlich mit deutscher Audiospur.

Leben im Tonstudio – mit Absacker im Les Fleurs

Durch die Musik lernten wir den Schauspieler Wolfgang Müller kennen, dessen bester Freund damals Heiner Lauterbach war. Beide waren hervorragende Synchronsprecher, und Wolfgang Müller schrieb auch die meisten Synchrondrehbücher.

Wir machten uns an die Arbeit. Das Universalgenie Jürgen Fritz übernahm die gesamte Technik von der Aufnahme am Mischpult über fehlende Musikstücke bis hin zur fertigen Mischung.

Häufig fehlten uns die sogenannten „IT-Bänder“, auf denen sich die Geräusche befinden, die bei jedem Film unterlegt sind. Also mussten wir diese selbst herstellen, aber wie? Jürgen hatte für jedes Problem eine Lösung, und so wurde ich kurzerhand von ihm zum „Geräuschemacher“ ernannt.

Fortan saß ich im Aufnahmeraum mit einem Monitor und Kopfhörern und versuchte mit allem, was ich fand, die fehlenden Geräusche nachzumachen. Fußtritte auf verschiedenen Böden, Kaffeetassengeklapper, Pistolenschuss waren nur einige von denen, die dringend benötigt wurden. Ich entwickelte mich zu einem ganz passablen Geräuschemacher. Aber nur durch die feine Technik von Jürgen am Mischpult und seinem feinen Gehör wurde auch ein super Ton daraus!

Wir synchronisierten den ganzen Tag mit vielen Synchronsprechern im Studio. Für die Spur mit den Geräuschen legten wir meist noch eine Nachtschicht ein. Die Tage und Nächte waren lang. Daran, in den frühen Morgenstunden in Bergisch Gladbach noch einen Absacker zu trinken, hat uns das jedoch nicht gehindert. Wir landeten dann im Les Fleurs, der damals angesagten Diskothek von Bodo Formes. Das Les Fleurs war mittlerweile in dem alten Köttgenpavillon in der Johann-Wilhelm-Lindlar-Straße entstanden, welcher einst zur Weltausstellung errichtet und dann auf dem Köttgengelände aufgebaut worden war.

Heute steht das Gebäude, das neben dem Autozentrum liegt, unter Denkmalschutz und die Zeiten von Musik, Tanz und Absackern sind lange vorbei.

Fly Dirt: 700 LPs „Gladbacher Freunde“

Damals ging ein sehnlichst erträumten Wunsch in Erfüllung. Ich hatte nach meiner Scheidung zusammen mit Albrecht Ruppert neue Stücke für Fly Dirt geschrieben und Texte aus meinem Leben dazu aufgeschrieben. Jürgen Fritz ermöglichte uns die erste und einzige Langspielplatte von Fly Dirt. Ihr Titel: „Gladbacher Freunde“.

Mit den wunderbaren Gastmusikern Herbert Müller, Gitarre und Chorgesang, und Jürgens Cousine Elke Schlimbach, Chorgesang, entstand ein kleines Stück Stadtgeschichte.

Das alles wäre aber ohne Jürgen Fritz nicht möglich gewesen, denn erst er hat aus allem, was wir aufgenommen hatten, das gemacht, was am Schluss rauskam. Auch kümmerte er sich um eine Sonderpressung bei der Schallplattenfirma EMI Electrola und so kamen im Jahr 1984 ganze 700 LPs auf den Markt. Im Jahr 1998 wurden im Zeitalter der CD-Player noch einmal 1000 CDs aufgelegt.

Als ich das fertige Produkt hörte, habe ich vor Freude geweint. Immerhin hatte ich nicht nur Schlagzeug gespielt, sondern auch alle Stücke selbst gesungen – und zwar in einer Nacht- und Nebelaktion im Tonstudio Hitdorf. Mike Lohmann saß am Mischpult, ich sang die acht Songs hintereinander durch. Als wir fertig waren, zwitscherten draußen die Vögel und der Kasten Bier war leer.

Es war ein Self-Made-Werk. Das Plattencover entwickelte ich gemeinsam mit Bernhard Schopp, Jörg Wittrock, Dirk Bott und Helmut Bernt. Auch hergestellt haben wir es selbst. Für den Vertrieb baute ich kurzerhand einen Stand auf der nächsten Kirmes in Bergisch Gladbach auf. Mike Lohmann stellte einen seiner Senkrechtplattenspieler zur Verfügung und in dem Jahr konnte jeder auf der Kirmes den ganzen Tag Fly Dirt hören – und natürlich die Platte kaufen.

Synchronstöhnen und eine Frau für gewisse Stunden

Im Tonstudio Hitdorf ging die Arbeit weiter, hauptsächlich mit Filmsynchronisationen von Krimis, Western, Komödien – und auch mit Pornofilmen. Pornofilme zu synchronisieren, heißt in erster Linie stöhnen. Aber selbst dafür gab es spezielle „Synchronstöhner".

Die Freiheit war wirklich grenzenlos! Sex and Drugs and Rock and Roll.

Mein Highlight im Tonstudio Hitdorf war allerdings der von Wolfgang Müller hergestellte Kinofilm „Eine Frau für gewisse Stunden". Er selbst hatte das Drehbuch geschrieben, war Regisseur und Hauptdarsteller und fand auch noch einen Filmproduzenten. In den weiteren Hauptrollen spielten Heiner Lauterbach, Christiane Krüger, Tochter von Hardy Krüger, Manfred Lehmann, Bernd Herzsprung und Jürgen Zeltinger, Chef der gleichnamigen Zeltinger Band aus Köln. Jürgen Fritz schrieb die Musik und übernahm die Tonmischung.

Für mich hat es leider zu keiner Rolle gereicht, aber immerhin war ich persönlicher Fahrer von Christiane

Krüger und Manfred Lehmann. Morgens holte ich sie im Hotel Atrium in Rodenkirchen ab, brachte sie zum Filmset an den jeweiligen Drehort und fuhr sie nach Drehschluss wieder ins Hotel zurück.

Es war eine spannende und aufregende Zeit. Aber jede Zeit ist endlich und 1985 war es genug mit Sex and Drugs and Rock and Roll! So schied ich aus dem Tonstudio Hitdorf aus und wollte wieder ein bisschen zurückkehren in mein altes Leben.

5

Tiefpunkt überwunden

Das Leben nimmt Fahrt auf

Das „Zurück ins alte Leben“ war – für mich völlig überraschend – nicht so einfach wie gedacht. Es war schon sehr naiv zu denken, mal eben zur Firma Köttgen zu gehen und anzukündigen: „Da bin ich wieder, und ich könnte nun wieder anfangen.“ Es war das klassische „die Rechnung ohne den Wirt gemacht zu haben“. Ich erhielt eine glatte Absage, und man ließ mich heftig spüren, wie enttäuscht man damals war, als ich einfach so meinen sicheren Job gekündigt hatte.

Und plötzlich war kein Geld mehr da

Ich ließ mir natürlich nichts anmerken und bewarb mich überall, sogar bei der Papierfabrik Zanders, denen ich aber zu überqualifiziert war.

Noch immer ließ ich mir nichts anmerken und hatte auf einmal viel Zeit für nichts. Häufiger als sonst traf man mich im Kanapee an oder in der Buchmühle und auch in der Arena bei Effi und Georgios Michailidis, ein leckeres Steak essen; und natürlich im Les Fleurs bei Bodo Formes. Doch dann ging mir langsam aber sicher das Geld aus, und es wurde verdammt eng.

Bodo Formes hat mich damals sehr unterstützt. Ich half ihm vorübergehend im Les Fleurs, als er nebenan die zweite Disco, das Valentino baute, und er besorgte mir eine kostengünstigere Wohnung auf der Odenthaler Straße, in dem Gebäude, in dem früher die Diskothek „Oldtimer" von Miriam und Willi Odenthal war.

Einige Wochen lang verkaufte ich Immobilien in Holland, um über die Runden zu kommen. Zu dieser Zeit kauften viele Bergisch Gladbacher Bürger Feriendomizile in der Provinz Zeeland.

Auch hätte ich beinahe eine Sonntagszeitung ähnlich des Bergischen Handelsblatts herausgebracht. Das jedoch scheiterte an der Sonntagsarbeit, die damals noch verboten oder zumindest umstritten war. Das Blatt sollte sonntags in alle Gladbacher Haushalte kostenlos verteilt werden, natürlich mit den neuesten Berichten und Ergebnissen der Fußballbundesliga. Von der Druckerei Heider hatte ich sogar schon die Zusage, dass der Druck am Samstagabend, beziehungsweise in der Nacht erfolgen könnte.

Tiefpunkt erreicht, Freunde behalten

All diese Aktivitäten hielten mich über Wasser, waren aber nicht sehr befriedigend. Ganz langsam kroch der Frust in mir hoch. Zu guter Letzt musste ich auch noch meinen schönen Mercedes 280 SE verkaufen, um über die Runden zu kommen. Ich vergesse es nie. Ich fuhr zum Autokino in Porz. Auf dem dortigen Automarkt verkaufte ich meinen Mercedes weit unter Wert, weil ich keine andere Wahl hatte und ging zu Fuß zurück nach Bergisch Gladbach. Für 800 Mark kaufte ich mir einen schwarzen Golf, der noch zehn Monate TÜV hatte. Den Rest des Geldes bekam meine Bank.

Ja, ich war ganz schön weit unten angekommen! Eins jedoch habe ich nie verloren: Echte Freunde, die sich wirklich Sorgen machten und sich um mich kümmerten.

Oona Camphausen, die ich während meiner Zeit im Les Fleurs kennengelernt hatte, und ihr kleiner Sohn Moritz hielten mich mit ihrer Liebe regelrecht am Leben.

Statt Sex and Drugs and Rock and Roll private Versicherungen

Eines Tages sprach mich dann mein Freund Conny Nickl an. Sein Angebot: Ich könnte als selbstständiger Versicherungsfachmann für die DKV private Krankenversicherungen verkaufen.

Ich habe mich innerlich gewehrt dagegen, und zwar lange. Es schien so gar nicht in mein „wildes“ freies Leben zu passen.

Letztendlich wurde es eine einzige Erfolgsgeschichte, was ich jedoch damals nicht wissen konnte.

Wie auch immer: Im Dezember 1985 begann meine Karriere bei der DKV. Auch Connys Frau Gitte Halm, die Schwester unseres Fly Dirt Managers Wolfgang Halm und die Trauzeugin meiner ersten Ehe, fing zum gleichen Zeitpunkt bei der DKV an.

Auf eine Schulung folgte die nächste und ich baute mir das notwendige Know-how auf. So richtig konnte ich es damals gar nicht glauben, dass ausgerechnet ich zum Versicherungsvertreter werden sollte. Aber – im Grunde wie immer in meinem Leben – ich packte es an.

Vom ersten Tag an mietete ich mir ein Büro auf der Laurentiusstraße, um sichtbar zu sein. Conny Nickl wurde später mein Orga-Leiter bei der DKV. Der Job hatte für mich einen ganz gravierenden Vorteil: Ich war selbstständig und konnte mir so meine Zeit selbst einteilen.

Bei allem Risiko, das ich ja ebenfalls selbst zu tragen hatte: Die Versicherungen ließen noch Platz für meine Musik und die Kirmes. Ich zog wieder um, und zwar in die Hauptstraße 211 ganz oben unters Dach, keine 50 Meter von meinem Büro entfernt. Unter mir residierte damals die Bergische Landeszeitung.

Ich war angekommen, im wahrsten Sinne des Wortes.

Eine griechische Kultkneipe wird zum Glücksfall

Eines Tages zu Beginn meiner neuen Tätigkeit hörte ich in meinem Büro heftigen Baulärm. Er schien von nebenan zu kommen und führte dazu, dass das ganze Haus wackelte. Ich dachte, es würde jeden Augenblick einstürzen. Ich marschierte aufgeregt nach nebenan, um nachzuschauen, was dort los war.

Und da stand er: der Grieche Ilias Kiriakidis und stemmte eine Wand weg. Ich fragte ihn, was er da mache, und er antwortete: „Ein Bistro!"

Ich kannte Ilias aus der Zeit, als er noch vor den Schulen unserer Stadt in einem speziellen Fahrzeug Crêpe verkauft hatte. Ich vergaß, dass ich eben noch gedacht hatte, das Haus müsse einstürzen und freute mich stattdessen auf die Aussicht, gleich nebenan ein Bistro für einen Kaffee zwischendurch und ein Schwätzchen zu erhalten. Allerdings entwickelte sich die Geschichte mit dem Bistro völlig anders.

Das Lokal, das einfach „Ilias" hieß, wurde zur In-Kneipe, und Ilias entwickelte sich zum absoluten Kultwirt in Bergisch Gladbach. Es war also noch viel besser als ein Kaffee und ein Schwätzchen: Es war ein absoluter Glücksfall! Ich schritt durch den Flur nach nebenan, und schon war ich aus der Welt der privaten

Versicherungen im prallen Leben dieser wunderschönen Zeit angekommen.

Das „Ilias“ war geschäftlich und privat eine riesige Chance für mich. So mancher Versicherungsvertrag wurde zunächst auf einem Bierdeckel abgeschlossen, und über die Zeit lernte ich dort viele meiner späteren Wegbegleiter kennen.

Mein einziges wirkliches Problem waren, wenn ich über den Buchmühlenparkplatz nach Hause ging, die 60 Stufen bis hoch ins Dachgeschoss. Geschah dies in den frühen Morgenstunden, zählte ich häufig die Stufen mit. Und manchmal – wenn es ein Bierchen zu viel gewesen war – machte ich bei Nummer 51 eine Pause und setzte mich hin. Was für ein Luxusproblem.

Der Dom zu Romaney in der Scheune

Ich war also täglich in unserer schönen Stadt unterwegs – mittendrin und ganz nah dabei. An Kontakten mangelte es wahrlich nicht und täglich wurden es mehr.

Nicht verwunderlich, dass daraus die eine oder andere Idee entstand. Manchmal eine verrückte, so wie die der Hallenfete. Da war Peter Chlebna, der eine alte Scheune in Romaney gemietet hatte, um sein Wohnmobil unterzustellen und daran rumzuschrauben. Warum nicht dort mal eine riesige Fete feiern?

Gesagt, getan, wir suchten nach Menschen, die Grund zum Feiern hatten. Thomy Ruppert, Conny Nickl und Anne Gramstat hatten Geburtstag. Ute Schmidt feierte Zwischenprüfung des Studiums. Peter Chlebna verabschiedete sich zur Weltreise, und ich war ja eh immer dabei.

In der alten Scheune lagerten alte Bühnenkulissen, darunter auch ein riesiger Kölner Dom aus Pappmaché. Nachdem viele Hände geholfen hatten, war der Dom zu Romaney fertig und die Hallenfete geboren. Jeder wollte Gäste zu seinem Anlass einladen. Aber allein das war eigentlich etwas langweilig für eine Dom-in-der-Scheune-Feier.

Wir entwarfen einen Handzettel und jedem, der uns abends bei „Ilias" positiv auffiel, drückten wir einen davon in die Hand. Das Spannende war: Wir hatten keine Ahnung, wer schlussendlich alles kommen würde. Wir ließen uns einfach überraschen.

Die Hallenfete: Erst ein Unfall stoppt die Tradition

Wie viele es genau waren, wussten wir auch an und nach dem Abend nicht. Nur, dass es verdammt viele waren. Wir wussten nicht wirklich woher. Was wir wussten, war, dass 500 Liter Bier und viele Liter Suppe sowie zahllose Würstchen vertilgt wurden.

Neben der üppigen Luftballon-Dekoration, Bühnenbildtapeten, permanent laufenden Dias, Konfetti-Regen und Lasershow war der besondere Clou eine Windmaschine, über der die Girls à la Marilyn Monroe die Röcke fliegen lassen konnten.

Andreas Kühne legte als Discjockey nonstop bis halb sechs am nächsten Morgen Platten auf.

Was lag näher, als eine derart geile Party gleich im nächsten Jahr zu wiederholen. Nichts. Außer vielleicht die Kosten. Machen wir es kurz: Es wurde schließlich gute Tradition, jedes Jahr Ende Mai, Anfang Juni die Hallenfete neu aufzulegen; teilweise dann auch mit Live-Musik. Ich kann mich erinnern, irgendwann selbst am Schlagzeug gesessen zu haben, stundenlang.

Wir steigerten die Besucherzahlen auf bis zu 600 Leute und den Bierkonsum auf 1.200 Liter. Lernfähig waren wir auch und stellten eine große Sammelbüchse auf, die am Ende der Fete prall gefüllt war. Sie finanzierte sich von selbst.

Wir schafften es jedes Mal in die Zeitung, und genau das wurde uns zum Verhängnis. Es gab an der Scheune keine Parkplätze für all die Autos, also parkten die Gäste wild auf beiden Seiten der Bundesstraße 506 in Romaney.

Bei der meines Wissens letzten Hallenfete 1993 kam es zu einem unglücklichen Unfall. Ein betrunkener Autofahrer verlor die Kontrolle über sein Fahrzeug, berührte ein anderes Fahrzeug des Gegenverkehrs und knallte danach in eines der geparkten Autos, das wiederum auf ein davorstehendes Auto geschoben wurde.

Alle Besucher der Hallenfete mussten daraufhin ihre Autos wegsetzen. Da die Zeitung darüber berichtet hatte, wurde nicht nur die Polizei, sondern auch die Ordnungsbehörde auf uns aufmerksam – und schon war es mit der Hallenfete vorbei. Ohne Auto kam man einfach nicht zur Scheune, denn Busse fuhren nur tagsüber.

Das war das Ende einer erfolgreichen und fröhlichen Tradition über Jahre hinweg.

Die vorweggenommene Zeremonie

1989 lernte ich meine zweite Frau Martina durch meinen Freund Rolf Combüchen kennen. Martina schrieb damals in Rolfs Büro ihre Studienabschlussarbeit auf dem Computer, und wenn sie fertig war, ging sie mit Rolf im DaVinci, dem heutigen Alten Pastorat, noch einen Kaffee trinken. Rolfs Architekturbüro lag genau gegenüber in der Fußgängerzone.

Ich verliebte mich auf Anhieb in diese Frau. Ich war einfach nur hin und weg.

Zum ersten Mal kam bei mir der Gedanke auf, ein Nest zu bauen und sesshaft zu werden. Zusammen mit Rainer Hellmich, den ich im Kanapee kennengelernt hatte, kaufte ich eine alte Villa An der Jüch, und wir bauten sie zu zwei Eigentumswohnungen um. Die Villa entstammte der Köttgendynastie. Was für ein Zufall.

Beim Umbau der Wohnung halfen natürlich auch Martinas Familie und Freunde, die ich beim Ilias kennengelernt hatte.

Abends beim Ilias feiern und Bier trinken und am nächsten Morgen alle bei mir auf der Baustelle erscheinen, möglichst nüchtern.

Darunter war auch der Dachdecker Thomas Krott. Unter seiner Leitung haben wir sogar das Dach neu gedeckt.

Das war gar nicht so einfach, denn es war ein Krüppelwalmdach und steil war es auch. Da wollte oder konnte keiner so wirklich gerne hochklettern.

Aber es gab wie immer eine Lösung, denn ich hatte ja meinen Freund Ilias dabei, dem das alles überhaupt nichts ausmachte. Ich gab ihm den Spitznamen griechische Bergziege, denn wie er sich auf dem schwierigen Dach bewegte, war schon einmalig.

Mein Werben um Martina war erfolgreich und wir heirateten bereits kurze Zeit später im Jahr 1990. Mit dem Schiff fuhren wir von Köln nach Unkel am Rhein, heirateten dort und fuhren mit dem Schiff wieder zurück nach Köln. Es war eine absolut außergewöhnliche und entspannte Schiffstour bei traumhaftem Wetter.

Als wir im Trauzimmer auf die Standesbeamtin gewartet haben, ertüchtigte sich mein Freund und Kabarettist Ferdinand Linzenich, die Trauungszeremonie schon mal vorab durchzuführen, wodurch die Hochzeitsgäste in hemmungsloses Gelächter ausbrachen. Als die Standesbeamtin endlich kam, war sie über die außerordentlich heitere Stimmung erheblich verwundert. Den Grund haben wir ihr nicht verraten.

6

Der Junge Unternehmer Club JUC

Gemeinsam was bewegen

Nicht nur die Kirmes, mit der mich viele zuvorderst – und zu Recht – in Verbindung bringen, hat mein Leben geprägt. Auch der JUC, der Junge Unternehmer Club Bergisch Gladbach e.V., nahm 28 Jahre lang einen ganz besonderen Platz in ihm ein.

Der JUC steht für freiwilliges, uneigennütziges Engagement für die Stadt Bergisch Gladbach, insbesondere für die Gladbacher Pänz, für die unsere Veranstaltungen rund 200.000,00 Euro „einspielten“. Aber fangen wir vorne an …

Im Jahr 1991 legten 14 junge Unternehmer den Grundstein für ein neues Netzwerk. Die meisten von ihnen hatten sich in der Kultkneipe bei Ilias kennengelernt. Ziel des Vereins war es zunächst, voneinander zu profitieren, Synergien zu nutzen und die Entwicklung des freien Unternehmertums in Bergisch Gladbach zu fördern. Doch von Beginn an stellte der JUC sich auch in den Dienst des Allgemeinwohls. Dazu gehörten soziales und kulturelles Engagement, Hilfe für Minderheiten und Anregungen für die Kommunalpolitik.

Geben ist seliger denn Nehmen

1993 wurde ich in den Vorstand gewählt, 1994 zum Vorsitzenden – und ich blieb es bis zur Auflösung des Vereins im Jahr 2019. Mein eigenes Motto „… gemeinsam was bewegen“ wurde zur Ergänzung unseres Namens. Aus meiner Sicht geht einfach alles – aber eben nur gemeinsam!

Das soziale Engagement hatten wir im Grunde meinem Vater zu verdanken, der mich gelehrt hatte: Geben ist seliger denn Nehmen! Das habe ich bis zum heutigen Tag so gelebt. Nicht nur in der Arbeit für den JUC habe ich dafür mindestens das Doppelte zurückbekommen!

Der JUC war für mich der Start in ein völlig neues Leben! Der Ernst des Lebens und der Spaß am Leben trafen aufeinander. Beides zu verbinden war eine herausfordernde Aufgabe, der ich mich sehr gerne gestellt habe, und der Erfolg sollte mir Recht geben.

In all den Jahren hat sich der JUC zum unverzichtbaren Partner des gelebten Stadtmarketings entwickelt.

Was Werbung und Marketing anging, hatte ich mit meiner damaligen Frau eine absolute Spezialistin an meiner Seite, die in dieser Branche beruflich sehr erfolgreich unterwegs war. Von ihr lernte ich all die Aspekte der Öffentlichkeitsarbeit, die bei der Arbeit für den JUC notwendig und hilfreich waren.

1994 stellten wir uns mit dem ersten JUC-Heft selbst der Öffentlichkeit vor. Dieses Heft hatte mein langjähriger Stellvertreter Elmar Stollenwerk, der Werbung und Marketing beruflich machte, zusammen mit meiner Frau Martina erstellt.

Im Jahr 1992 waren Martina und ich zurück in die Nähe meiner tollen Kindheit gezogen, nämlich nach Hebborn, zum Hebborner Kirchweg, wo wir uns ein kleines Einfamilienhaus bauten. Nur mit Martina, ihrer Familie und meinen Unternehmerfreunden Rolf Combüchen und Rolf Sam (Architekten), Dietmar Rochow (Tiefbau und Alleskönner), Heinz Braun (Elektrik), Patrick Duske (Maler), Hubertus Niedenhoff (Metallbau-Wilmes), Ulli und Frank Gerlach (Dach), Guido Glowitzka (Gerüst), Wilfried Neuenhaus (Fenster) und Ivan Skoko (Heizung und Sanitär) sowie Arno Arsand (Rohbau), die als einzige nicht im JUC waren, schafften wir uns in kürzester Zeit ein neues Zuhause. Auch persönlich war der JUC also ein großartiges Netzwerk für mich. In nur viereinhalb Monaten war alles fertig, der Rasen gemäht und der Gartenzaun gestrichen. Wir konnten einziehen.

Im Haus fand sich auch der neue Probenraum für Fly Dirt. Natürlich hatte ich das ganze Haus um den Probenraum drumherum gebaut.

Ilias hatte sein Bistro mittlerweile verkauft und war in den Ratskeller im Rathaus unserer Stadt übergesiedelt. Dort fanden fortan auch unsere JUC-Sitzungen statt. Der altehrwürdige Ratskeller, das erste Haus am Platze, erstrahlte in neuem Glanz und entwickelte sich schnell zum Treffpunkt der Gesellschaft, und zwar wirklich aller Schichten.

Der JUC hatte insgesamt 56 Mitglieder aus den unterschiedlichsten Branchen (siehe auch Kasten ab Seite 105).

Von 1993 bis 2012 trugen wir einmal im Jahr den JUC-Cup aus. Das internationale Benefiz-Jugendfußballturnier der F-Jugend bescherte dem Verein „Bürger für uns Pänz" über die Jahre einen Reinerlös von rund 65.000,00 Euro. Für mich war das die Erweiterung meines sozialen Schaffens, denn wir bewirkten, dass nicht nur auf der Kirmes leuchtende Kinderaugen zu sehen waren, sondern auch auf dem Fußballplatz, in Kindergärten und Freizeiteinrichtungen.

Der JUC-Cup wird geboren

Der JUC-Cup entstand nach einer Idee unseres Mitgliedes Wilfried Patemann, der zwei Söhne hatte, die Fußball spielten. Die Jungs spielten in der F-Jugend, dort wo die kleinsten Kicker, zwischen sechs und neun Jahren spielen.

Es sollte ein Benefizturnier werden, bei dem möglichst viel Geld für einen guten Zweck zusammenkommt. Ich machte mich erstmalig auf, um Sponsoren zu akquirieren. Es war gar nicht so schwer wie ich gedacht hatte. Viele Unternehmer stifteten Preise für die Tombola, so dass wir eine äußerst attraktive Verlosung organisieren konnten.

Die JUC-Mitglieder und ihre Familien grillten, hatten Kuchen gebacken und verkauften Lose. Die Fleißigsten waren immer unsere Frauen und deren Kinder.

Bei der Frage, an wen wir unseren Erlös spenden sollten, gab unser Mitglied Michael Struth den entscheidenden Hinweis auf den Verein „Bürger für uns Pänz“, der sich um Kinder in Bergisch Gladbach kümmerte, die nicht ständig auf der Sonnenseite des Lebens standen.

Die Vorsitzende dieses Vereins war Sylvia Zanders, Ehefrau von Hans Wolfgang Zanders, Sprössling der Papier-Dynastie Zanders aus Bergisch Gladbach. Sie hatte es sich zur Aufgabe gemacht, dass alles Geld, das der Verein erhielt, eins zu eins den Kindern zukommen sollte. Sylvia Zanders zahlte alle anfallenden Nebenkosten aus ihrer eigenen Tasche. Das fand ich sehr sympathisch und deshalb beschlossen wir, alles Geld, was wir jemals einnehmen werden, an „Bürger für uns Pänz“ zu geben.

Ach ja, und sinnvoller Weise musste sich bei einem Fußballturnier noch jemand um das Fußballerische kümmern. Das übernahm Jürgen Dillenburg, der bereits für die Jugendabteilungen von SV Bergisch Gladbach 09 und bei Bayer 04 Leverkusen zuständig war.

Beim ersten Turnier 1993 in der Hermann-Löns-Kaserne in Bergisch Gladbach wusste noch niemand, welche Erfolgsgeschichte das werden sollte. In der Kaserne war das Wachbataillon der Bundeswehr stationiert, und sie hatte einen wunderbaren Fußballplatz, sogar mit Rasen. Dort trugen wir den ersten, zweiten und dritten JUC-Cup mit acht F-Jugendmannschaften aus unserer Region aus.

Die Fortsetzung fand 1996 bis 2010 dank Markus Pleiß, der in Odenthal wohnte und somit gute Kontakte zur Verwaltung und Bürgermeister Johannes Maubach hatte, im wunderschönen Dhünntalstadion in Odenthal statt. Mittlerweile spielten bereits 18 Mannschaften um den JUC-Cup. Die letzten beiden Jahre wurde der Cup in der BELKAW-Arena in Bergisch Gladbach ausgetragen.

Ajax Amsterdam, Marco Reus und Hans Süper

Der JUC-Cup entwickelte sich zu einem der größten und beliebtesten F-Jugendturniere in Deutschland. Es kickten neben dem Nachwuchs der Bundesliga 20 Jahre lang internationale Gäste. Jürgen Dillenburg gewann unter anderem Mannschaften wie Feyenoord Rotterdam,

Slavia Prag, Austria Wien, Ajax Amsterdam und den FC Metz zum Kicken um die begehrten Pokale. Einige der jungen Talente wurden später zu Nationalspielern.

Im Jahr 2008 sind fünf Spieler U-19 Europameister geworden, die beim JUC-Cup 1996 und 1997 dabei waren: Stephan Reinartz, Bastian Oczipka, Marcel Risse, Marco Reus und Ron Robert Zieler. Neben den Söhnen von Rudi Völler und Matthias Sammer waren auch Joel Matip und Leon Goretzka dabei.

Einer der treuesten Begleiter der JUC-Cup-Idee war mein damaliger Schulfreund Wolfgang Bosbach, der von 1994 bis 2017 für den Rheinisch-Bergischen Kreis im Bundestag saß.

Nach dem ersten Anstoß 1993 durch seinen Vorgänger im Bundestag und Altbürgermeister Franz-Heinrich Krey hat er jedes Jahr den Anstoß ausgeführt. An diesem Tag ging Bergisch Gladbach immer vor Bonn oder später Berlin.

Auch bei den von Anfang an eingeführten Promi-Spielen der Großen war WoBo aktiv dabei. Er sorgte auch dafür, dass kein geringerer als Fifa-Schiedsrichter Walter Eschweiler die Partie pfiff. Mir hat Eschweiler dann sogar mal eine gelbe Karte wegen groben Foulspiels verpasst.

In den ersten Jahren spielte der JUC immer gegen eine RTL-Promimannschaft, die uns damals Guido Glowitzka besorgt hatte. In dieser Mannschaft spielten unter anderem Heiko Wasser (Formel-1-Reporter), Peter Klöppel (Nachrichtensprecher), Marcel Reif und Ulli Potofski (Sportreporter).

Dieter Kürten aus dem legendären Sportstudio des ZDF moderierte eines unserer Promispiele in der BELKAW-Arena.

Selbst der legendäre Kölner Karnevalist Hans Süper beehrte uns im Jahr 2000 mit seinem Besuch beim Promispiel des JUC-Cups und führte den Anstoß aus.

Der JUC-Cup war eindeutig eine Erfolgsgeschichte!

Das Kultur- und Stadtfest –
18 Jahre mischt der JUC mit

Ein weiterer Meilenstein in der Arbeit der „JUCer" war die aktive Teilnahme am Kultur- und Stadtfest in den Jahren von 1995 bis 2013. Auch bei den Vorbereitungen zum Stadtlauf war der JUC dabei und legte wo immer nötig Hand mit an.

Es begann mit einer zufälligen Begegnung, bei der ebenfalls niemand auch nur einen Schimmer davon hatte, was sie lostreten sollte. Bei einer Pressekonferenz für die Scheckübergabe des JUC an Bürger für uns Pänz war auch Bestatter Fritz Roth, damaliger Vorsitzender der Interessengemeinschaft Stadtmitte, dabei. Hinterher saßen wir noch etwas zusammen und Fritz Roth, der mit seinen Gedanken schon beim nächsten Stadtfest war, beschwerte sich bitterlich, dass er keine Handwerker für sein Stadtfest fände, die sich doch dort präsentieren konnten und sollten.

Ich kannte Fritz Roth seit der Beerdigung meines Vaters im Jahr 1987. Mein Vater war damals unerwartet und viel zu früh an seinem zweiten Herzinfarkt gestorben. Ich denke oft daran, dass er mein Wirken in meiner geliebten Heimatstadt nicht mehr mitbekommen hat. Es macht mich jedes Mal wieder sehr traurig und ich vergieße gerade einige Tränen, wo ich das hier schreibe.

Fritz Roth wurde zum deutschlandweit bekannten Bestatter, nicht zuletzt durch die Gründung des ersten privaten Friedhofs in Deutschland, und zwar an der Kürtener Straße direkt am Eingang zum Strundetal. Doch das nur am Rande.

Jener Fritz Roth also wollte das Stadtfest reformieren und möglichst viele Gruppierungen und Bereiche aus unserer Stadt integrieren: Kultur, Sport, Präsentationen von ortsansässigen Vereinen, Gastronomie, Musik auf der Bühne – und eben diese Handwerker. Er berichtete gerade, dass die Handwerkskammer und die IHK Köln zu einer Unterstützung nicht bereit seien, als ich ihm einfach ins Wort fiel und sagte: „Das kann ja der JUC machen. Wir haben ja viele Handwerker." Er schaute mich verdutzt an und sagte: „Na dann macht das mal."

Handwerker in Aktion

Als ich zu Hause war, dachte ich: „Was hab' ich denn jetzt gemacht?"

Bei der nächsten JUC-Sitzung erzählte ich die Geschichte, und alle blickten mich fassungslos an. Doch bereits nach kurzer Beratung war allen JUCern klar, dass dies eine große Chance war, unsere unternehmerischen Leistungen einem großen Publikum zu präsentieren. Beschlossen, getan: Nur 14 Tage nach dem anstrengenden JUC-Cup stand das Stadtfest vor der Tür – und wir waren dabei.

Wir bekamen zunächst die gesamte Fläche hinter dem Bergischen Löwen für unsere Stände, die wir alle gemeinsam aufbauten, und zwar an nur einem Tag. Die Stände mit ihren unterschiedlichen Größen und Anforderungen verhalfen unserem Motto „gemeinsam was bewegen" zu einer ganz neuen Perspektive. In späteren Jahren zogen wir um, auf die Vorderseite des Bergischen Löwen.

Es war schön zu sehen, wie lebendig die gesamte JUC-Fläche an jenen Wochenenden war. Der Dachdecker schieferte, der Maler strich an, der Gartenbauer baute sogar einen Teich vor das Gasthaus Paas, der Metallbauer schmiedete und schraubte, der Gerüstbauer rüstete den Bergischen Löwen ein, die Reinigungsunternehmer putzten und kehrten überall, der Tiefbauer baggerte einen großen Sandhaufen von links nach rechts und zurück (auch die Kinder durften mitbaggern), der Schreiner sägte und hobelte, das Autohaus fuhr vor, und die Dienstleister, so wie ich, führten ein Beratungsgespräch nach dem anderen.

Das Kultur- und Stadtfest war für uns alle immer eine besondere Herausforderung, weil es den Teamgeist und das Miteinander in den Vordergrund stellte. Wir hatten viel Arbeit, aber auch viel Spaß zusammen, getreu unserem Motto „gemeinsam was bewegen".

So bauten die JUC-Mitglieder Andreas Heuser und Markus Pleiß auf einem der Kultur- und Stadtfeste zwei Kinderspielhäuser für den Außenbereich, die anschließend der Kita Quirl und der Kita Heilige Drei Könige in Hebborn geschenkt wurden.

Es war auch der Aufstieg eines der besten Ideengeber, die ich je getroffen habe, nämlich unseres Mitglieds Patrick Duske. Nach Übernahme des Malerbetriebes seines Vaters war er schon immer ein innovativer und nach vorn blickender Unternehmer. Was er aber dann beim JUC einbrachte, blieb einzigartig.

Ein berühmtes Foto und ein Beatles-Cover im Regen

Die meisten werden das berühmte Foto mit dem Motiv der Bauarbeiter am Rockefeller Center über der Skyline von Manhattan aus dem Jahr 1932 (Lunchtime atop a Skyscraper) kennen. Genau diese Szene stellten die Mitglieder des JUC nach einer Idee von Patrick Duske auf dem Stadtfest 2005 nach.

Patrick Duske malte die Kulisse auf eine große Plane und Hubi Niedenhoff baute den Stahlträger, auf dem dann die JUC-Mitglieder Lui Krämer, Klaus Sprenger, Horst Steinfeldt, Burkhardt Unrau, Henning Schmitz, Hubi Niedenhoff, Patrick Duske, Peter Paas, Bernd Cramer von Clausbruch, Markus Pleiß und Markus Lüttgen, in Original-Arbeitsklamotten, in etwa zwei bis drei Metern Höhe saßen.

Das war gar nicht so einfach, denn der Stahlträger, auf dem wir saßen, war nur zehn Zentimeter breit, und wir konnten uns ja nirgendwo festhalten. Wenn ich heute daran denke, schlottern mir immer noch etwas die Knie.

Im Jubiläumsjahr 2011 stellte der JUC das legendäre Cover des Beatles-Albums „Sgt. Pepper`s Lonely Hearts Club Band“ nach. Auch das war eine Idee von Patrick Duske. Und dieses Mal war es für ihn richtig viel Arbeit. Er baute die amtliche Kulisse auf dem Stadtfest nach, mit Blumen, Originalkostümen und sämtlichen anderen Details.

Meine Aufgabe war es, 64 Menschen zu finden, die sich für das Foto zur Verfügung stellten. Und so kamen tatsächlich neben den JUC-Mitgliedern Freunde, Wegbegleiter und sehr viel Prominenz zu einem Fototermin zusammen.

Es regnete in Strömen, die Blumen vor der eigens aufgebauten Tribüne rutschten ein ums andere Mal weg und mussten wieder gerichtet werden.

Dank des Geschäftsführers des Bergischen Löwen, Norbert Pfennings, konnten wir uns im Foyer des Löwen unsere Kostüme anziehen und dabei trocken bleiben. Doch das hielt nicht lange an. Der Regen war einfach zu stark, und er wollte und wollte nicht aufhören.

Es war Samstag und wir hatten Wochenmarkt in der Stadt. Als der Chef der Marktvereinigung, Freddy Schlaghecken, uns ziemlich bedröppelt dort stehen sah, sorgte er für Abhilfe. Er brachte die beiden großen Marktschirme seines Obst- und Gemüsestandes und stellte diese so auf, dass die gesamte Tribüne überdacht war.

Was für ein Glück. Jetzt konnten Patrick und ich, genau nach Vorgabe, alle Protagonisten platzieren und Burkhard Dohm das einmalige Foto doch noch machen.

Der Knaller aber war: Als alle ihren Platz eingenommen hatten, hörte es auf zu regnen.

Unbürokratisch Hand in Hand mit der Stadtverwaltung

Durch unsere Aktionen hatten wir viel Aufmerksamkeit in der Öffentlichkeit, woran die Gladbacher Medienwelt durch ihre permanente, positive Berichterstattung einen großen Anteil hatte. Dadurch erhielten wir immer mehr Anfragen nach Hilfe und Bitten für Problemlösungen und finanzielle Unterstützung.

Eine davon kam von der Herkenrather Jugend. Sie erhielt einen Basketballplatz durch eine damals einmalige Kooperation zwischen dem JUC e.V., „Bürger für uns Pänz“ und der Stadtverwaltung. Der Erlös vom JUC-Cup ging an „Bürger für uns Pänz“, welcher das Geld zur Verfügung stellte. Die JUCer mit Dietmar Rochow am Bagger arbeiteten, und die Stadt koordinierte den Bau, schaffte alle bürokratischen Hindernisse aus dem Weg und stellte noch Material zur Verfügung. Und schon hatte Herkenrath einen Basketballplatz, der Jahre später auch noch einmal mit unserer Unterstützung erneuert wurde.

Impressionen: Musik und Kirmes

39. Rückseite Plattencover Gladbacher Freunde von Fly Dirt.
40. Original Plakat vom legendären Open-Air-Konzert Rockin`Sunday in der BELKAW-Arena.
41. Original Plakat von der legendären Christmas Party 1973 in der Aula des NCG.
42. Eröffnungsansprache Pfingstkirmes 2022. Kreisdechant Norbert Hörter, Bürgermeister Frank Stein, B. U. (v.l.n.r.).
43. Innenminister NRW Herbert Reul zwischen Schulfreund und Musiker Jürgen Fritz und B. U..
44. Bürgermeister Lutz Urbach bekommt vom Schaustellerverein anlässlich des 25-jährigen Jubiläums eine Karussell-Spieluhr geschenkt.
45. Wir sind wieder da – Eröffnung der Pfingstkirmes 2022. Martin Lucke MdL, Ex-Stadtdirektor Otto Fell, Innenminister NRW Herbert Reul, Kabarettist Ferdinand Linzenich, B. U., Bürgermeister Frank Stein, Kreisdechant Norbert Hörter (v.l.n.r.).
46. 175 Jahre Laurentiuskirmes.
47. Eröffnung Pfingtkirmes 2022. Innenminister Herbert Reul, Kabarettist Ferdinand Linzenich, Martin Lucke, MdL. (v.l.n.r.).
48. Blick auf den Kirmesplatz.
49. Die Unraus mit Landesinnenminister Herbert Reul und Schausteller Herbert Timm beim Kirmesrundgang.
50. Unraus vor dem nostalgischen Bratwurstpavillon von Josef Müller.
51. Zur Kirmeseröffnung mit Bürgermeister Klaus Orth erhielt B. U. von Schausteller Hubert Markmann einen Original Lichtbogen seiner geliebten Raupe.
52. Wolfgang Bosbach eröffnet mit Kreisdechant Norbert Hörter und Bürgermeister Lutz Urbach die Laurentiuskirmes.
53. Gladbacher Stadtgesellschaft bei der Eröffnung der ersten Kirmes nach Corona, Pfingsten 2022.
54. Blick auf den Kirmesplatz.
55. Ein gutes Team. Die erste Bürgermeisterin der Stadt Bergisch Gladbach Maria-Theresia Opladen mit Ute und B. U., die da noch nicht wussten, dass sie einmal zusammenkommen würden.
56. Laurentiuskirmes mit Frisbee und Riesenrad.
57. Pfingstkirmes.
58. Mit Hubert Markmann und seiner alten Hanomag Zugmaschine beim Jubiläums-Umzug durch die Fußgängerzone.
59. Landrat Stephan Santelmann mit Ex-Stadtdirektor Otto Fell und Ex-Landrat Norbert Mörs mit Frau Ulla.
60. Landesinnenminister Herbert Reul und Bürgermeister Frank Stein im Gespräch mit gebeutelten Schaustellern, Martina Wingender-Barth mit Sohn Mario Wingender.
61. Schaustellerfreund Günter Barth vor seinen beiden Geschäften Autoscooter und Ausschank.
62. 175 Jahre Laurentiuskirmes. Die Wellershaus-Kirmesorgel von Hubert Markmann, vorne links Männi Liebe.
63. Kirmeseröffnung mit Wolfgang Bosbach MdB, Schausteller Mario Timm, Bürgermeisterin Maria-Theresia Opladen, Landrat Norbert Mörs, Schausteller Otto Breuer, B. U. (v.l.n.r.).

64, 69. Bürgermeister Lutz Urbach und Familie mit Dr. Michael Metten und Thomas Hartmann beim Kirmesrundgang.

65. Holger Müller mit Ex-Landrat Norbert Mörs und Frau Ulla und Landrat Dr. Hermann-Josef Tebroke bei der Kirmeseröffnung.
66. Innenminister Herbert Reul im Gespräch mit Günter Barth am Ausschank.

Impressionen: Musik, Kirmes und JUC

67. Kirmeseröffnung mit Wolfgang Bosbach, Prinz Charles von Auersperg, Bürgermeisterin Maria-Theresia Opladen, Landrat Norbert Mörs (v.l.n.r.).
68. Fassanstich zur Pfingstkirmes 2014 durch Helene Hammelrath MdL und Wolfgang Bosbach MdB, Jubiläum 20 Jahre Schaustellerverein.
70. Größtes Riesenrad in Bergisch Gladbach.
71. Historische Zugmaschinen.
72. Kostenloses Ponyreiten durch den JUC anlässlich des Ponyskandals. Rainer Deppe MdL, Ponybahnbesitzer Heinken Deinert, B. U., Karl-Hubert Hagen. (v.l.n.r.).
73. Nachstellung des berühmten Skyscraper Motivs auf dem Stadtfest 2005 .
74. 20 Jahre JUC Jubiläum, Darstellung des Plattencovers Sgt. Pepper auf dem Stadtfest 2011. Alle Mitwirkenden des Plattencovers auf der nachfolgenden Seite.
75. Tom Morgan rettet Bergisch Gladbach, 1. Teil 2005.
76. Tom Morgan 2. Teil, Die Zeit ist reif ..., im Jahr 2009.
77. JUC-Cup Promispiel gegen Alte Herren des 1.FC Köln mit Wolfgang Overath.
78. JUC-Cup Promispiel, Fifa Schiedsrichter Walter Eschweiler nach einer gelben Karte gegen Burkhardt.
79. JUC-Cup Promispiel u. a. mit dem großen kölner Karnevalisten Hans Süper, ganz rechts neben Walter Eschweiler.
80. JUC-Cup Promispiel, B. U., Fifa-Schiedsrichter Walter Eschweiler, Sylvia Zanders, Karnevalist Hans Süper, Wolfgang Bosbach (v.l.n.r.).
81. Eröffnung JUC-Cup 2007 im Dhünntalstadion in Odenthal.
82. Scheckübergabe von 5.000 DM als Erlös des JUC-Cups 1999, Dr. Martin Schilling und Sylvia Zanders (Bürger für uns Pänz), B. U., Horst Steinfeldt (v.l.n.r.).

83, 84. B. U. singt Mustang Sally von Wilson Picket mit handerCover beim JUC-Open-Air.

85, 86. Goßes JUC Abschiedskonzert auf dem Konrad-Adenauer-Platz mit Tommy Engel und Band im Jahr 2018.

87. 15 Jahre JUC, Jubiläumsfeier im Biergarten Am Bock, es gratulieren: Wolfgang Bosbach MdB, Bürgermeister Klaus Orth, Landrat Rolf Menzel.
88. 10 Jahre JUC, Jubiläumsfeier im Schloss Lerbach.
89. 25 Jahre JUC im Jahre 2016 im Penthouse des Bergischen Löwen: Holger Müller MdL, Sylvia Zanders, B. U., Bürgermeister Lutz Urbach, Alt-Bürgermeister und früherer MdB und Ehrenbürger der Stadt Franz-Heinrich Krey, Ute Unrau, Wolfgang Bosbach MdB, Landrat Rolf Menzel (v.l.n.r.).

90, 94. Buchpräsentation in der RheinBerg-Galerie 2015.

91. Spaß mit Ute beim JUC-Open-Air.
92. Auch alle JUC-Frauen im Einsatz beim JUC-Open-Air.
93. Ein herzliches Dankeschön von Sylvia Zanders von Bürger für uns Pänz.
95. JUC-Spenden-Treff 2015 mit Ankündigung des JUC-Open-Air mit der Band Like Snow.
96. Die Labbese spielten ohne Gage beim JUC-Spenden-Treff 2013.
97. JUC-Spenden-Treff im Autohaus Lüttgen mit Landrat Dr. Hermann-Josef Tebroke, Sylvia Zanders, B. U., Bürgermeister Lutz Urbach, Elmar Stollenwerk und Dr. Martin Schilling (Kassierer von Bürger für uns Pänz), (v.l.n.r.).
98. B. U. mit Mike Krüger beim Jubiläumsfest der Städtezusammenlegung Bergisch Gladbach und Bensberg im Jahr 2000.
99. letzter JUC Vorstand: Horst Steinfeldt, B. U., Markus Lüttgen (v.l.n.r.).
100. Letzte Scheckübergabe an Bürger für uns Pänz. B. U. Sylvia Zanders, Manfred Habrunner, Horst Steinfeldt. (v.l.n.r.).

GLADBACHER FREUNDE
Albrecht Ruppert: Hammond-Orgel, Yamaha-Flügel, Moo
Synthesizer, Chroma-Rhodes
Hans-Gerd Kierdorf: Baßgitarre
Burkhardt Unrau: Schlagzeug, Gesang
Gäste:
Herbert Müller: E-Gitarre, Akustik-Gitarre, Chor-Gesang
Elke Schlimbach*: Chor-Gesang
*) = Schwester des für uns alle unvergessenen Triumvirat-Bassisten Helmut Koelle
SEITE 1
Gladbacher Freunde 6:00
(M+T: J. Fritz/H. Bathelt/Burkhardt Unrau)
Manager 4:37
(M+T: Albrecht Ruppert/Burkhardt Unrau)
Zu viel Arbeit 5:30
(M+T: Lennon/McCartney/Burkhardt Unrau)
Hau rein 3:09
(M+T: Albrecht Ruppert/Burkhardt Unrau)
SEITE 2
Laß uns Freunde sein
(M+T: Albrecht Ruppert/Burkhardt Unrau
Liebe zur Arbeitskollegin
(M+T: Burkhardt Unrau)
Nackte Tatsachen
(M+T: Albrecht Ruppert/Burkhardt Unrau
Die Oase
(M+T: Albrecht Ruppert/Burkhardt Unrau
Alle Stücke wurden von Fly-Dirt arrangiert und produziert · Aufgenommen im Tonstudio Hitdor
im November 1982 und im April 1983 · Toningenieur und Mischung: Jürgen Fritz, Assistent
Burkhardt Unrau, im Mai 1984 · Cover-Design: Burkhardt Unrau/Bernhard Schopp · Foto
Arbeiten: Jörg Wittrock.
Den herzlichsten und liebsten Dank an unsere ehemaligen Mitglieder Elke Schlimbach und
Herbert Müller, ohne die diese LP niemals so entstanden wäre.
Ebenfalls besonderen Dank an Bernhard Schopp und Jörg Wittrock sowie Dirk Bott und
Helmut Bernt, für ihren unermüdlichen Einsatz zur Verwirklichung des Covers.
Herzlichen Dank auch an Michael Lohmann, der beim Lead-Gesang am Mischpult saß und
auch sonst alle technischen Probleme löste.
Ohne Jürgen Fritz – keine LP – Dank zu sagen ist hier einfach viel zu wenig.
Vertrieb: Fly-Dirt, © Burkhardt Unrau, Mülheimer Straße 125, 5060 Bergisch Gladbach 2
Telefon: (02202) 56714

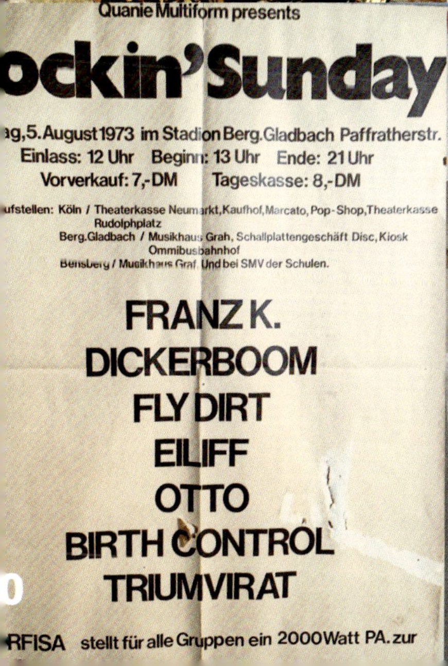
Quanie Multiform presents
ockin' Sunday
ag, 5. August 1973 im Stadion Berg. Gladbach Paffratherstr.
Einlass: 12 Uhr Beginn: 13 Uhr Ende: 21 Uhr
Vorverkauf: 7,- DM Tageskasse: 8,- DM
ufstellen: Köln / Theaterkasse Neumarkt, Kaufhof, Marcato, Pop-Shop, Theaterkasse Rudolphplatz
Berg. Gladbach / Musikhaus Grah, Schallplattengeschäft Disc, Kiosk Ommibusbahnhof
Bensberg / Musikhaus Graf. Und bei SMV der Schulen.
FRANZ K.
DICKERBOOM
FLY DIRT
EILIFF
OTTO
BIRTH CONTROL
TRIUMVIRAT
RFISA stellt für alle Gruppen ein 2000 Watt PA. zur

Christmas Party 7
Zugunsten des Sonderkindergartens für das behinderte
Berg. Gladbach, Margaretenhöhe. Spendenkonto: 2311/447664 Kreisspar
Donnerstag, den 20. Dez. 1973
in der Aula des NCG Berg. Gladba
Einlass: 18 Uhr (Eröffnung der Bierhalle, Cafeteria und Weihnachtsbas
Konzert-Beginn 20 Uhr
THE 73 X-MAS BAN
featuring:
Hans Bathelt, Burkhardt Unrau Drums
Dick Frangenberg, Hansi Kierdorf Bass
Helmut Köllen, Karl Salcher Guitars
Jürgen Fritz, Albi Ruppert Keyboa
Fritz Fricke, Roswitha Frangenberg Vocals
Elke Köllen + guests Percus
Guido Kluxen, Charly Schlimbach + guests Brass
Peter Cadera + Werner Breitkopf Equipme

42

47

43

48

44

49

45

46

50

51

52

53

54

55

56

57

58

59

60

65

61

66

62

67

63

68

64

69

Roue PARIS
POLIZEI

70

71

Ponyreiten
kostenlos
Sonntag 12.00 - 14.00 Uhr

72

73

JUNGE UNTERNEHMER
1991 CLUB 2011
BERGISCH GLADBACH
JUC-CUP
JUC
...gemeinsam was bewegen
20 JAHRE

74

Sgt. Pepper Anlehnung anlässlich des 20 jährigen Vereinsjubiläums

Nr.	Character bei Sgt. Pepper Name Funktion
1.	Baby Baby Henri Schmitz Sohn von Henning Schmitz
2.	Sonny Liston (boxer) Alexis Koassis Fußballer SV Bergisch Gladbach 09
3.	The Beatles (in wax) Ferdinand Linzenich Kaberettist
4.	The Beatles (in wax) Wolfgang Bosbach MdB und Freund des JUC seit der ersten Stunde
5.	The Beatles (in wax) Norbert Pfennings Geschäftsführer Bergischer Löwe GmbH
6.	The Beatles (in wax) Lutz Urbach Bürgermeister Stadt GL
7.	Beatles John Lennon Patrick Duske JUC-Mitglied: Malermeister Duske GmbH
8.	Beatles mitte Ringo Starr Horst Steinfeldt JUC-Mitglied: Inline Folienbeschriftung GmbH
9.	Beatles Paul McCartney B. U. Vorsitzender JUC und Geschäftsführer Schausteller Verein B.GL.
10.	Beatles George Harrisson Markus Lüttgen JUC-Mitglied: Autohaus Jean Lüttgen GmbH
11.	Marlene Dietrich Ute Unrau Leiterin Ordnungsamt Stadt GL
12.	Huntz Hall (Bowery Boy) Sigfried Schmitter (Foto) JUC-Mitglied: Heizung und Sanitär S. Schmitter
13.	Diana Dors Doro Dietsch Landtag NRW „Jugend und Parlament“
14.	Shirly Temple Sally Duske Tochter von Patrick Duske
15.	weibliche Person hellblauer Hut Marie Duske Tochter von Patrick Duske
16.	Stuart Sutcliffe Rolf Sam JUC-Mitglied: SAM Architektur
17.	Aubrey Beardsly (Victorian artist) Hubertus Niedenhoff JUC-Mitglied: Metallbau Wilmes GmbH
18.	Marlon Brando Rolf Menzel Landrat des Rheinsch-Bergischen-Kreises
19.	Max Muller Markus Pleiß JUC-Mitglied: Pleiß Bedachungstechnik GmbH
20.	unbekannt Michael Hedrich (Foto oder real) ehem. Redaktionsleiter Kölner Stadt Anzeiger
21.	Johnny Weissmuller (Tarzan) Frank Kuckelberg GL Kompact
22.	Wallace Berman (LA Artist) Helmut Duske (Foto) Freund und langjähriger Wegbegleiter des JUC, gest. 2009
23.	Tom Mix (Cowboy Filmstar) Tim Gerold stellvertr. Regionaldirektor AOK Rheinland/Hamburg
24.	unbekannt Gisbert Franken Redakteur Bergische Landeszeitung
25.	Tyrone Power Andreas Schwann Berg TV und Bergische Welle, langjähriger Weggefährte des JUC
26.	Dr. Livingstone Bernd Mathies Garten & Landschaftsbau Mathies, Sponsor des Podestes
27.	T. E. Lawrence (Lawrence fo Arabia) Lothar Uedelhoven (Foto) Vorstand VR Bank Bergisch Gladbach eG
28.	William Buroughs (author) Holger Bieber Freund und Weggefährte des JUC
29.	Stan Laurel Elmar Stollenwerk JUC-Mitglied: Contextus Werbegestaltung
30.	unbekannt Dieter Wagner Schulleiter Gemeinschaftshauptschule im Kleefeld
31.	Bobby Breen (singing prodigy) Christopher Arlinghaus Fotograf Kölner Stadt Anzeiger
32.	Issy Bonn (Comedian) Günter Barth (Foto) Schausteller
33.	Lahiri Mahasava (Indian Guru) Dr. Martin Schilling Vorstand VR-Bank Rhein-Sieg eG, „Burger für uns Pänz“
34.	Oscar Wilde Lui Krämer JUC-Mitglied: Ludwig Krämer GmbH & Co.KG

35. unbekannt Sabine Kuckelberg GL Kompact
36. Sri Yukteswar (Indian Guru) Klaus Sprenger Ehrenmitglied des JUC
37. Aleister Crowlev (black magician) Hans-Martin Heider JUC-Mitglied: Heider Druck
38. Mae West Marianne Brochhaus Regionaldirektorin KSK
39. Aldous Huxley (philosopher) Werner Klinkhammels Redaktionsleiter Bergisches Handelsblatt
40. Lenny Bruce Johannes Zenz Abt.- Leiter Kinder-, Jugend- und Familienförderung Stadt GL, „Bürger für uns Pänz“
41. Stockhausen (modern German composer) Franz Heinrich Krey ehem. MdB, ehem. Bürgermeister Stadt GL, Ehrenbürger Stadt GL
42. Sir Robert Peel (Police pioneer) Salvatore Greco JUC-Mitglied: Osteria del Corso
43. Carl Jung (psychologist) Walter Karl Schulz Redakteur: Bergische Landeszeitung
44. Dylan Thomas (Welsh poet) Dirk Weichenhain JUC-Mitglied: Steinmetz und Steinbildhauermeister
45. Tony Curtis Peter Paas Elektro Paas GmbH
46. Dion (American pop singer) Henning Schmitz JUC-Mitglied: X-DREAM Events
47. W. C. Fields Klaus Pehle Redakteur: Bergische Landeszeitung und Franzz
48. Larry Bell (modern Painter) Volker Weirich Leiter Sportamt Stadt GL
49. Terry Southern (author) Henning Backhaus JUC-Mitglied: Eltak-Elektrotechnik A. Kraus
50. Edgar Allen Poe Gregor Gersdorf JUC-Mitglied: Gersdorf & Picks Gebäudeservice
51. Tommy Handley (wartime comedian) Jörg Picks JUC-Mitglied: Gersdorf & Picks Gebäudeservice
52. Fred Astaire Klaus Daub Fotoredakteur: Bergische Landeszeitung
53. Marilyn Monroe Sylvia Zanders Vorsitzende des Vereins: „Bürger für uns Pänz“
54. Merklin (American artist) Fritz Roth Bestattungsunternehmen Pütz-Roth
55. unbekannt Annegret Fleck Regionaldirektorin AOK Rheinland/Hamburg
56. Oliver Hardy Bernd Cramer von Clausbruch JUC-Mitglied: Super-Clean e.K.
57. Mahavatar Babaji (Indian Guru) Matthias Niewels Redakteur Kölner Stadt Anzeiger
58. Bob Dylan Dr. Jörg Horsten JUC-Mitglied: Praxis für präventive und ästhetische Zahnmedizin
59. George Bernard Shaw Dr. Alexander von Petersenn Vorsitzender IG Stadtmitte, (Apotheker)
60. Lewis Carol Ilias Kiriakidis (Foto) ewiger Freund des JUC seit der ersten Stunde
61. Karl Marx Dr.Lothar Speer Fachbereichsleiter Bildung, Kultur, Schule und Sport Stadt GL
62. unbekannt Matthias Butz JUC-Mitglied: Bergischer Personalservice GmbH
63. unbekannt Stephan Schmickler 1. Beigeordneter Stadt GL
64. unbekannt Friedhelm Schaghecken Vorsitzender d. Marktvereinigung GL
65. H. G. Wells Rolf Combüchen (Foto ehem. JUC-Mitglied: Architekt, gest. 2000

A. Fussball JUC-Cup/Benifiz-Jugendfussbalturnier d. F-Jugend
B. Lady Di Foto Todestag 31.08.1997(an einem JUC-Cup Sonntag)
C. Twin Tower Terroranschlag USA 11.09.2001
D. Euro Einführung 01.01.2002 EURO-Einführung 01.01.2001
E. Filmrolle Verleihung d. silbernen Filmrolle für „Tom Morgan rettet Berg. Gladbach“
F. Büste Burks Die Legende lebt

75

76

77

79

78

80

81

Paffrather Raiffeisen Bank eG
DM 5.000,-
funftausend
Bürger für uns Pänz
B.Gladbach
15.Sep.1999
JUC Cup
82

83

AOK
Die Gesundheitskasse.
Kreissparkasse
Köln
84

Tommy Engel
& Band
Gaffel Kölsch
85

86

87

88

89

90

91

92

93

94

95

98

96

97

99

100

Das war in Bergisch Gladbach das erste Vorhaben im Rahmen der öffentlich-privaten Partnerschaft.

Durch seine Hilfe für das Bergische Museum in Bensberg wurde der JUC für die Stadtverwaltung direkt tätig. Vor dem Museum lagen große Erdhaufen. Kurz entschlossen bewaffneten sich die JUCer mit Hacke und Schaufel und räumten die Erdhaufen aus dem Weg.

Im Jahr 2005 zeigte der JUC e.V. auch seine gesellschaftliche Verantwortung, indem er eine beispiellose Renovierungsaktion in der Friedrich-Fröbel-Schule, eine Förderschule mit dem Förderschwerpunkt Geistige Entwicklung, durchführte. Dank auch tatkräftiger Unterstützung der Eltern, Lehrer, Schüler und Mitglieder des Fördervereins war es schon gigantisch zu sehen, wie sich das Schulgebäude und der Spielplatz immer mehr in ein Schmuckstück verwandelten. Diese Worte benutzte der damalige Landrat Rolf Menzel in einem Dankschreiben an mich, als Vorsitzenden des JUC, mit der Hoffnung, dass dieses Bravourstück viele Nachahmer findet.

Was war passiert? Armin Schmeil vom Förderverein der Friedrich-Fröbel-Schule hatte mich angesprochen, ob der JUC nicht helfen könnte. Es sollten ein neuer Sandkasten und eine neue Matschanlage gebaut werden. Nach kurzer Beratung stimmten wir dem zu und so wurde ein Sonntag festgelegt, wo alle mitmachen konnten.

Alle JUCer, die Schülerinnen und Schüler sowie deren Eltern und auch die Lehrerinnen und Lehrer!

Als wir abends fertig waren, im wahrsten Sinne des Wortes, hatten wir die Matschanlage und den Sandkasten erneuert, aber auch ganz viele Räume angestrichen, Toiletten repariert und erneuert sowie Kabel verlegt und Schilder angebracht.

Ja, das war ein gutes Gefühl, mit so vielen Menschen und mehreren Generationen zusammen was Gutes zu tun. Bei mir kam jedenfalls ein tolles „Wirgefühl" in familiärer Atmosphäre auf.

Deutschland zum Selbermachen

Im Jahr 2007 wurde in Berlin das Buch „Deutschland zum Selbermachen" präsentiert, in dem der JUC für sein Engagement der beispiellosen Renovierungsaktion der Friedrich-Fröbel-Schule nicht nur von Wolfgang Bosbach als Vorbild für Deutschland gewürdigt wurde.

Das Buch basiert auf einer Studie des Forschungszentrums für Bürgerliches Engagement der Universität Paderborn und präsentiert den JUC als ein positives Beispiel für ganz Deutschland.

Es war ein schönes Beispiel dafür, dass ehrenamtliches Engagement im lokalen Bereich auch überregional Beachtung findet und gewürdigt wird!

Hier noch die wichtigsten weiteren Unterstützungen:

Eine Aral-Tankaktion unseres Mitgliedes Ingbert Kolfenbach, unterstützt durch alle JUC-Mitglieder, brachte den Jugendlichen an den Schulen unserer Stadt 100 Fußbälle sowie 20 Volley- und 20 Basketbälle, die der Bürgermeisterin Maria-Theresia Opladen im Jahr 2003 überreicht werden konnten.

Die Aidshilfe wurde genauso unterstützt, wie eine Veranstaltung gegen rechts.

Auch hat der JUC im Jahr 2003 eine Kooperation mit dem größten Fußballverein des Rheinisch-Bergischen Kreises, dem SV Bergisch Gladbach 09, begonnen, ganz besonders als Mitglied des Jugendfördervereins.

Seit 2008 gab es die Kooperation mit der Gemeinschaftshauptschule „Im Kleefeld“. Die von Schulleitung, JUC, Schülern und Eltern unterschriebene Vereinbarung sah folgende Kooperationsform vor: Betriebserkundung – Vorstellung verschiedener Berufsbilder – Experten, auch aktuelle Auszubildende, in Schule und Unterricht – Beschaffung/Verwendung von Informationsmaterial – Lehrerfortbildung – Praktika – Ansprechpartner in den dem JUC angegliederten Firmen.

Eine weitere Kooperation, nämlich zwischen der Hauptschule „Im Kleefeld“ und der AOK Rheinland/Hamburg, wurde durch den JUC vermittelt.

Auch der Aufbau der „Tafel“ im Jahr 2007 wurde von vielen JUCern mit sehr viel Engagement unterstützt.

Das Bewegungsfest Miteinander-Füreinander

Da war das Bewegungsfest Miteinander-Füreinander, das ich zusammen mit Henning Schmitz und Hans Pütz vom Ordnungsamt aus der Taufe gehoben habe und das von 2000 bis 2010 jeweils am Wochenende nach Pfingsten auf dem Konrad-Adenauer-Platz stattgefunden hat.

Im Jahr 2000 feierte die Stadt nämlich 25-jähriges Jubiläum der Zusammenlegung der beiden Städte Bensberg und Bergisch Gladbach und die Stadt wollte das ganze Jahr feiern, mit einem Top-Event zum Abschluss auf dem Konrad-Adenauer-Platz.

Bürgermeisterin Maria-Theresia Opladen und Helga Roesgen, Fachbereichsleiterin für Schule, Kultur und Sport, gaben uns das Vertrauen, ein ganz besonderes Event auf die Beine zu stellen. Und das wurde es auch.

Henning Schmitz studierte damals Sport und hatte auch schon eine Eventagentur. Er war bekannt für seine gelungenen Beachvolleyballturniere am Theater Café. Seine Kontakte zur Sportlerszene und mein Know-how durch meine vielen Veranstaltungen ergänzten sich hervorragend. Dazu viele Sponsoren von Krüger Instant bis zu Gahrens und Battermann und so konnte es nur ein Mega-Event werden.

Da es direkt nach der Pfingstkirmes stattfand, ließ ich einfach Imbiss, Ausschank, Mandelwagen und Kinderkarussell stehen, eine große Bühne und der große Gahrens und Battermann Showtruck mit einer LED-Leinwand kamen dazu – und fertig war das Gerüst.

Bewegungsfest – Das Programm:

Das Programm reichte vom Fackellauf von Bensberg nach Bergisch Gladbach über sehr viel Sport, wie z.B. Street-Soccer-Turnier, Inline-Skating-Show, Eisstockschießen, Trampolinspringen mit den „Springenden Chaoten“, Street-Basketball-Turnier, Inline-Skating in der Half-Pipe und natürlich der legendäre Stabhochsprung-Wettbewerb direkt vor der Bühne. Tanzaufführungen auf der Bühne mit den Jazz-Lights, Break-Dance von Schülerinnen und Schülern der Wilhelm-Wagner-Schule, orientalischer Kinder- und Bauchtanz des SV Blau-Weiß-Hand, Formationstänze der Tanzschule Leyer, Step-Aerobic, Spinning und Trampolin-Show der Turnerschaft Bergisch Gladbach e. V. und natürlich Musik durch z. B. die Flöckchen, die Max-Bruch-Musikschule, die Bigband des Nicolaus-Cusanus-Gymnasiums, die Bigband des Herkenrather Gymnasiums und die Oldie und Stones Coverband The Birds. Kinderflohmarkt, Torwandschießen, Kistenklettern, Luftballonwettbewerb, Bull-Riding, Bungee-Trampolin, Segelflugzeugausstellung, Hüpfburgen und ein Kinderkarussell. Für die Verpflegung sorgten die Schausteller. Auf der großen LED-Wand von Gahrens und Battermann wurden so ganz nebenbei auch noch das Europameisterschaftsspiel Deutschland gegen England und ein Formel-1-Rennen live übertragen!

Bewegungsfest – Die Sponsoren:

Ohne Sponsoren und viele Helfer wäre das Fest nicht möglich gewesen, hier nur die größten: Krüger GmbH & Co. KG, Bastei Lübbe Verlag, Belkaw, Krantz-TkT, Gahrens und Battermann Medien-Systemhaus, Grando Schwimmbadabdeckungen, Technologiepark Bergisch Gladbach, OBI, McDonald's, Ortho Move-Gesundheitszentrum am Marienkrankenhaus, Kreispolizeibehörde & Verkehrswacht Rhein-Berg e.V., Holterdiepolter Jugendreisen, die Kreissparkasse Köln, die damalige Paffrather Raiffeisenbank e.G. und natürlich der JUC e.V. mit all seinen Mitgliedern!

Willibert Krüger holt Mike Krüger

Für ein wirkliches Highlight zermarterte ich mir wochenlang den Kopf. Dass ich selber bei den Birds mit auf der Bühne stehen und ein bisschen mit Engelbert Israel mitsingen darf, war leider zu wenig. Etwas Besonderes musste her!

Nachdem ich wieder einmal im Fernsehen die Werbung von Mike Krüger für das Unternehmen Instant Krüger gesehen hatte, wusste – oder hoffte – ich, das Besondere gefunden zu haben: Mike Krüger sollte kommen!

Ich fackelte nicht lange, griff zum Telefon, rief meinen Freund Willibert Krüger an und fragte ihn einfach, ob er uns nicht Mike Krüger für das Jubiläumsfest besorgen könnte. Kurz und knapp fragte er, wann der Termin sei und sagte, er melde sich. Bereits kurze Zeit später rief er mich zurück und sagte, wieder nur kurz und knapp: „Ist ok, der Mike Krüger kommt", und hängte ein. Ich war völlig perplex.

Mike Krüger stand bei Willibert Krüger unter Vertrag für 25 öffentliche Auftritte im Jahr, scheinbar war unser Termin noch nicht belegt, und auch die 25 Veranstaltungen waren noch nicht komplett.

Jetzt hatten wir ihn, den Mann mit der Supernase, der den Nippel aus der Lasche ziehen konnte, und zwar, ohne einen Pfennig dafür bezahlen zu müssen, dank eines Willibert Krüger. Unglaublich!

Henning Schmitz holte Mike Krüger vom Flughafen ab, brachte ihn nach Bergisch Gladbach, in den großen Saal Am Bock, in dem er sich vor und nach dem Auftritt aufhalten, vorbereiten und umziehen konnte.

Mike Krüger zog damals Menschenmassen an und so verteilte ich mit ihm von der Bühne aus noch einige Werbeartikel von Krüger Instant ins Publikum. Nach seinem supertollen Auftritt hatte ich das Vergnügen, mit ihm Am

Bock noch etwas zu essen, bevor Henning Schmitz ihn wieder zum Flughafen fuhr.

Für mich war all das ganz schön aufregend, und ich war auch ein bisschen stolz auf meine Heimatstadt und ihre tollen Menschen, denn nur mit so vielen tollen Menschen zusammen kann man wirklich was Großes bewegen – auch ohne ständig fragen zu müssen, was die Dinge kosten und was man davon hat. Ich bin der festen Überzeugung: Wenn man etwas Tolles macht, haben alle Menschen etwas davon. Es geht nur ohne Egoismus! Denn – wie sagte mein Vater – Geben ist seliger denn Nehmen!

Es war ein Highlight in der Veranstaltungsgeschichte von Bergisch Gladbach geworden, an dem insbesondere Henning Schmitz großen Anteil hatte. Er war es auch, der anschließend fragte, ob wir das nicht jedes Jahr wiederholen und zu einer festen Veranstaltung im Kalender unserer Stadt verankern wollten. Wieder hieß es: Gesagt, getan; fortan veranstalteten wir das Fest Miteinander-Füreinander/Bergisch Gladbach in Bewegung bis zum Jahr 2010.

Egal, was wir taten: Es war ein unglaublich gutes Gefühl, mit so vielen engagierten Menschen aus mehreren Generationen zusammen Gutes zu tun.

Tom Morgan rettet Bergisch Gladbach

Im Zeichen der Gemeinschaft entstand im Jahr 2005 ein Kino-Film, die Krimi-Komödie „Tom Morgan rettet Bergisch Gladbach". Wieder hatte Patrick Duske seine Hände im Spiel. Er wünschte sich zu seinem 40. Geburtstag nichts anderes als einen Film, bei dem alle JUCer mitspielen sollten. Wir sagten alle zu, da wir damals keinerlei Ahnung hatten, was das bedeutet. Patrick sagte uns, wer wen im Film spielen sollte und auch ganz knapp, worum es ging. Er wollte der Gute sein, also Tom Morgan, so ein wenig wie James Bond. Ich sollte der Böse Burks sein, den er letztendlich besiegt. „Ok", dachte ich, „das wird ein riesiger Spaß!" So weit, so gut.

Es begann mit Besenstiel und Klebeband

Am ersten Drehtag in der Gaststätte Auf dem Horn sollten sich Rolf Sam und Patrick Duske treffen, und die erste Szene sollte gedreht werden. Vorher kam er bei mir vorbei mit einem lockeren „ich könnte ja mal vorbeischauen, wenn ich Lust hätte".

Na ja, dachte ich, kannste ja mal hingehen und schauen, was passiert.

Als ich kam, rückte Patrick gerade mit seinem Equipment an. Huch, was war das denn? Eine kleine Hobbycam, ein kleines Mikrofon mit Kabel dran, ein langer

Besenstiel und Klebeband, ein Stativ und mehrere Lampen zum Ausleuchten. Das war's. „Ja und was jetzt?", fragte ich. Er antwortete: „Keine Ahnung."

Da kam auch schon Rolf Sam und fragte: „Was soll ich jetzt machen?" Ich fragte Patrick nach der Szene und dem Text. „Habe ich keinen", meinte er, recht kleinlaut. Ich setzte mich hin und schrieb die Texte für Rolf und Patrick. Dann nahm ich die Kamera, baute das Mikro an den Besenstiel, der als Galgen diente, und los ging's.

So wurde ich in der Folge Drehbuchautor, Kameramann und Regisseur in einem. Ach ja, Bösewicht und Hauptdarsteller war ich ja auch noch.

Wir drehten mehrere Wochen in ganz Bergisch Gladbach und Umgebung.

Der Weg vom Rohmaterial bis zum roten Teppich

Als wir alle Szenen im Kasten hatten, blickte Patrick auf die Kassetten mit dem Filmmaterial und fragte mich: „Und wie kriegen wir das jetzt zusammen?" Ich dachte bloß: „Auweia, was jetzt?" Da fiel mir mein Freund Andreas Schwann ein, Sohn meines damaligen Geschäftsführers Wolfgang Schwann bei der Firma Köttgen und Stadtrat unserer Stadt. Andreas hatte ein Studio, in dem er nicht nur sehr erfolgreich die Bergische Welle produzierte, sondern mittlerweile auch

BergTV gegründet hatte. Wir machten schon länger gemeinsam Sendungen zu meinen Kirmessen oder zu JUC-Cup und Stadtfest, die dann über den Bürgerfunk bei Radio Berg ausgestrahlt wurden.

Ich bat also Andreas um Hilfe. Er war begeistert und sagte sofort zu, sehr gerne den Schnitt des Films zu übernehmen. Wie so häufig wussten wir beide da noch nicht, wieviel Arbeit und Zeit dafür nötig waren. Wir saßen unzählige Tage und Nächte und machten aus dem, was wir an Bildmaterial hatten, einen Film.

Die Premiere fand in unserem alten und geliebten Victoria Kino der Familie Brunotte auf der oberen Hauptstraße statt. Wir wurden mit Autos vorgefahren wie Filmstars und marschierten über einen roten Teppich. Das Kino war rappelvoll!

Die Zeit ist reif – für Teil II

Vier Jahre später klingelte es an meiner Haustüre und Patrick Duske stand vor der Tür. Er hatte einen großen Briefumschlag in der Hand und gab ihn mir mit den Worten: „Kannst ja mal schauen!“ Ich ahnte Fürchterliches, und es war, wie ich vermutete, der zweite Teil von Tom Morgan mit dem Titel „Die Zeit ist reif“. Tatsächlich eine neue Geschichte für einen neuen Film.

Dieses Mal setzten wir allerdings von Anfang an auf die Mithilfe von Andreas Schwann und Holger Bieber und auf professionelleres Equipment. Das komplette Drehbuch schrieb ich auf Mallorca, drei Wochen im Robinson Club Cala Serena, in Cala d'Or.

Die Premiere fand dann dank Norbert Pfennings im großen Saal des Bergischen Löwen statt, wieder mit rotem Teppich und Autokorso, und der Erlös aus den Eintrittskarten ging komplett an „Bürger für uns Pänz".

In beiden Teilen fehlte es nicht an Sex, Crime und Action, Intrigen, hinterhältigen Morden, Verfolgungsjagden, jede Menge Kohle und illegalem Glücksspiel. Bergisch Gladbach geriet an den Rand des Abgrunds, aber letztlich siegte doch das Gute in Gestalt von Tom Morgan.

Als sich das Auto nicht überschlagen wollte

Wir drehten im Grandhotel Schloss Bensberg, im Mediterana, in Ilias Bar, die er mittlerweile an der Ecke der Dr.-Robert-Koch-Straße hatte, wo der Gangster Luibär, gespielt von Lui Krämer, erschossen wurde, im Spiegelsaal des Bergischen Löwen, in der Villa Zanders, auf der Pfingstkirmes, im Schwimmbad meines Freundes Ludwig Krämer, in der Sauna und im Whirlpool der

Familie Steinfeldt und an vielen weiteren Schauplätzen unserer Region.

Eine wilde Autoverfolgungsjagd durch das Schladertal, hoch nach Romaney, endete schließlich im Steinbruch von Ludwig Krämer. Es war eine schwierige Szene, denn wir schoben das Auto an den Rand der Kiesgrube, von wo aus es spektakulär 20 Meter in die Tiefe stürzen und sich dabei überschlagen sollte. Das tat es aber nicht. Es fuhr schnurstracks einfach den Hang runter und blieb ohne Blessuren unten stehen. Wir waren sprachlos.

Doch wie immer gab es eine Lösung für ein Problem: Lui Krämers Mitarbeiter holten das Auto mit einer Raupe wieder nach oben, und beim zweiten Versuch stellten wir es etwas schräg an den Rand der Kiesgrube und schoben es dann an. Jetzt klappte es. Das Auto überschlug sich gleich mehrfach und die Szene war im Kasten.

Das Auto hatten wir von Markus Lüttgen, aus seinem Autohaus, und es waren vorher alle Flüssigkeiten wie Benzin und Öl entfernt worden.

Ein 50er-Jahre Cadillac, in dem mich Jörg Picks durch die ganze Stadt umherkutschierte, kam ebenso zum Einsatz wie ein Hubschrauber. Ja, man glaubt es kaum, ein echter Hubschrauber. War das ein Abenteuer! Wir hatten eine Fluchtszene aus dem Bergischen Löwen, in dem wir den Spiegelsaal in ein perfektes Spielcasino verwandelt hatten. Ich floh über das Dach, von wo mich ein Hubschrauber abholte. Der Hubschrauberdreh brachte mich an meine psychische Grenze, denn man muss wissen, dass ich damals noch ein ziemlicher Flugschisser war.

Vor lauter Bäumen den Bergischen Löwen nicht sehen

Wir mieteten einen Hubschrauber, drehten einige Szenen in Hangelar und flogen dann nach Bergisch Gladbach, zum Bergischen Löwen, um die Fluchtszene aus Sicht des Hubschraubers zu filmen. Während Andreas Schwann sichtlich Spaß hatte und völlig entspannt mit der Kamera im Heli saß, lief mir schon nach wenigen Minuten der Angstschweiß die Wangen herab.

Der Pilot fragte mich, wohin es denn gehen solle und teilte bereits einige Minuten später mit, wir hätten das Ziel erreicht. Ich schaute also nach unten und sah … nichts. Nur sehr viel Grün. Ich konnte den Bergischen Löwen nicht auf Anhieb orten. Daher kreiste der Hubschrauber mehrfach über meiner schönen Heimatstadt, und ich suchte händeringend nach einem Anhaltspunkt. Und da war er, der große Schornstein von Grünzweig und Hartmann, der aus dem vielen Grün herausragte. Jetzt konnte ich mich orientieren und dem Piloten sagen, wohin wir müssen.

Im zweiten Teil von Tom Morgan waren auch viele Prominente (Wolfgang Bosbach, Lutz Urbach, Fritz Roth, Ferdinand Linzenich, Rolf Menzel und Ilias Kiriakidis) mit Gastrollen vertreten. Beide Teile haben jedenfalls eine Menge Spaß gemacht. Und wer weiß: Vielleicht gibt es ja doch noch mal eine Fortsetzung …!

Die illegale Bepflanzung des Driescher Kreisels

Im Jahr 2010 wurde über Nacht aus einem Acker ein blühendes Blumenbeet, das für viel Furore sorgte. Ich kam aus dem Urlaub zurück und informierte mich, was es Neues gab oder auch nicht. Dabei fiel mir auf, dass das Motto „geht nicht" überhandgenommen hatte.

Es ging unter anderem um die Bepflanzung des Kirmeskreisels, für den keine Einigung seitens der Stadt hinsichtlich der Bepflanzung gefunden werden konnte.

Ich setzte eine Nacht- und Nebelaktion in Gang, bei der viele Bürgerinnen und Bürger einfach über Nacht die Gestaltung des Blumenbeets für ein schönes Stadtbild selbst in die Hand nahmen. Wir alle wollten einfach ein Zeichen setzen und zeigen, dass viel geht, wenn man es nur macht!

Wir begannen bei Einbruch der Dunkelheit und waren am nächsten Morgen bei Sonnenaufgang fertig. Dieses wunderbare Gefühl, das sich immer einstellte, wenn

Menschen zusammen etwas Sinnvolles tun, hat mich mein Leben lang begleitet – und dafür bin ich immens dankbar.

JUC-Spendentreff und ein Ford Mustang Cabrio

Im Jahr 2012 wurde der 20igste und letzte JUC-Cup ausgetragen. Etwas Neues sollte folgen, denn alles hat seine Zeit, und das ganze Leben ist Veränderung.

Im April 2013 entstand der „Große JUC-Spenden-Treff“, eine neue Aktion für „Bürger für uns Pänz“. Eine After-Work-Party, die zweimal im Jahr Netzwerker, Macher und Spendenwillige bei Kölsch vom Fass, Imbiss und Live-Musik zu einem Wohltätigkeitstreffen zusammenführte.

Es war die Idee von Markus Lüttgen, der auch schon zuvor in seinem Autohaus zu Musikveranstaltungen einlud. Bei der ersten Veranstaltung spielte er selbst mit seiner Band. Bereits im ersten Jahr kamen 10.000 Euro zusammen.

Übrigens habe ich durch diese Veranstaltung mein Traumauto gefunden, denn eines Tages stand dort einfach ein Ford Mustang Cabrio im Show Room. Ich war sofort verliebt in dieses Auto. Schon in jungen Jahren war ich ein glühender Mustang-Fan, und mein Lieblingslied war „Mustang Sally“ von Wilson Picket. Ich erfüllte mir meinen Kindheitstraum und kaufte mir dieses Traumauto, nachdem ich über 20 Jahre Mercedes gefahren war.

Als Markus Lüttgen sein Autohaus wegen Unwirtschaftlichkeit Mitte 2020 schließen musste, war ich einfach nur grenzenlos traurig.

JUC rockt den Konrad-Adenauer-Platz

Nach zwei weiteren JUC-Spenden-Treffs, bei denen noch einmal knapp 6.000,00 Euro zusammenkamen, habe ich im Jahr 2015 eine neue Attraktion ins Leben gerufen, das JUC-Open-Air, ein Benefiz-Rock-Konzert auf dem Konrad-Adenauer-Platz, was mir als Musiker natürlich eine Herzensangelegenheit war.

Am 13. Juni 2015 spielten die Bands „Like Snow", „Into Deep" und „handerCover" ohne Gage für den guten Zweck. Durch Essen-und Getränkeverkauf, aber auch durch Sammelbüchsen und Stadt-CD-Verkauf durch unseren damaligen Bürgermeister Lutz Urbach, kamen 9.000,00 Euro zusammen, die je zur Hälfte an „Bürger für uns Pänz" und „Bono Direkthilfe" (Nepalhilfe) gingen.

Im Jubiläumsjahr 2016 kamen durch den JUC-Spenden-Treff und das JUC-Open-Air-Benefiz-Rockkonzert, diesmal mit den Bands handerCover, Into Deep und Pütz und Band, insgesamt 10.200,00 Euro zusammen.

Eine Sternstunde der Spendenbereitschaft Bergisch Gladbacher Bürgerinnen und Bürger gab es bereits schon einmal im September 2002 mit einem Open-Air-Konzert der Stones-Coverband Birds auf dem Konrad-Adenauer-Platz.

Engelbert Israel sprach mich damals an, weil die Birds unbedingt etwas für Opfer des damaligen Jahrhundert-Hochwassers tun wollten. Für mich war klar, dass wir mit den Birds ein großes Konzert machen sollten, und ich habe die Veranstaltungskoordination übernommen.

Mit im Boot waren Schausteller Dirk Timm für den Bühnenbau, Kurt Odenthal für die Beschallung, das Schlosshotel Lerbach für den Getränkeservice, Horst Steinfeldt von der Firma Inline-Folienbeschriftung, die Firmen Kürten und Lechner, Becom Becker, Klever Digitaltechnik, Dieter Pfister und Ede Müller für die Werbung, Henning Schmitz und last but not least die Stadt Bergisch Gladbach mit ihrer Administration.

Ergebnis war, dass über 4000 begeisterte Zuschauer Solidarität mit einer Familie aus Jeßnitz im Kreis Bitterfeld zeigten, die von dem Hochwasser schwer getroffen war. So kamen 20.000,00 Euro zusammen, die Bürgermeisterin Maria-Theresia Opladen der Familie aushändigen konnte.

Ein Krimi im Jubiläumsjahr

Und für das Jubiläumsjahr 2016 hatte sich der JUC wieder mal was Besonderes einfallen lassen!

Nach zwei Filmen, den Krimi-Komödien um Tom Morgan, war es dieses Mal ein Buch! Ein Kriminalroman von und mit dem JUC! Natürlich spielt das Ganze in unserer schönen Heimatstadt Bergisch Gladbach!

Als mich der Autor, Klaus von Wiese, ansprach, doch mal ein Buch für und mit dem JUC zu machen, lief er bei mir offene Türen ein.

Vor dem Hintergrund des 25-jährigen Jubiläums kam diese Idee allen JUCern gerade recht. Außerdem hatte der JUC mit seinem Mitglied Hans-Martin Heider und dem Heider Verlag die Profis für eine solche Aktion in den eigenen Reihen.

So entstand Ende 2015 ein Roman im Krimiformat, in dem alle JUCer mitspielten; aktuell im damaligen Bergisch Gladbach.

Ein informatives und spannendes Werk war das Ergebnis!

Das Ende des JUC

Durch sein Engagement war der JUC e.V. mehr als ein Verein zur gegenseitigen Unterstützung und Förderung gemeinsamer Anliegen. Er war fester Bestandteil sowohl im wirtschaftlichen als auch im gesellschaftlichen Leben der Stadt Bergisch Gladbach und weit darüber hinaus geworden. Diesen Satz schrieb kein geringerer als Wolfgang Bosbach (MdB) in das Vereinsheft des JUC e.V.

Doch alles hat seine Zeit. Bereits 2018 hatte ich das Gefühl, dass eine Epoche zu Ende geht, doch als ich das öffentlich aussprach, wurde ich nur milde belächelt. Geglaubt hat mir das keiner. Ich war damals einfach davon überzeugt, dass das Prinzip „höher, schneller, weiter" ein Auslaufmodell geworden war und es so nicht weitergehen konnte. Das Ende von „Gier frisst Hirn" war nahe.

Im Jahr 2019 standen die Neuwahlen im JUC e.V. an und ich wollte – auch aus Altersgründen – Platz machen für die Jugend. Ich animierte meine jüngeren JUC-Kollegen, meinen Posten als Vorsitzender zu übernehmen.

Meine beiden Vorstandskollegen Markus Lüttgen und Horst Steinfeldt wollten sich ebenfalls zurückziehen. Somit stand der gesamte Vorstand zur Disposition.

Nach vielen Gesprächen und Treffen wurde klar, dass dieses wohl nichts geben würde. Keiner (und wirklich keiner!) wollte in meine bzw. unsere Fußstapfen treten.

Ein letzter „Knalleffekt" und ein Wasserfall an Tränen

Das war für mich natürlich enttäuschend, aber, alles hat seine Zeit. So konnten wir nur noch ein sauberes Ende für eine tolle Zeit beschließen.

Eine Ära ging zu Ende, und zum 1. Januar 2019 wurde der JUC aufgelöst.

Doch wer mich kennt, weiß sehr genau, dass ich mich nicht leise verdrücke. Ich wollte mit einem letzten Knalleffekt die Bühne des JUC verlassen.

Es war schon sehr lange ein Herzenswunsch, einmal ein Live-Konzert mit meinen Freunden Tommy Engel und Jürgen Fritz in meinem heimlichen Wohnzimmer, dem Konrad-Adenauer-Platz in Bergisch Gladbach zu machen, zumal beide schon oft in Bergisch Gladbach aufgetreten waren. Allerdings noch nie Open Air direkt vor unserem historischen Rathaus.

Dieser Traum wurde Wirklichkeit! Mit der Unterstützung aller JUC-Mitglieder, aber auch vieler Sponsoren wie Belkaw, KSK, AOK, Wünsch's, der Gaffel-Brauerei, Taverne Mykonos mit Pascal Simitsakis und seiner Familie, Bühnemobil, Josef Müller, Ralf Eisenhuth und Markus Verza gelang dieses einmalige Musikerlebnis.

Alle stellten sich in den Dienst der guten Sache. Der Eintritt war frei. Dafür lief viel Prominenz mit Sammelbüchsen durch das Publikum, um ein letztes Mal im Namen des JUC für „Bürger für uns Pänz" zu sammeln.

Das Ergebnis war einfach umwerfend! Einige Tage später konnte ich 20.000,00 Euro an Sylvia Zanders überreichen.

Knapp 5.000 Menschen waren begeistert von einem bestens aufgelegten Tommy Engel und einer mitreißend aufspielenden Band um den musikalischen Leiter Jürgen Fritz.

Es kam, wie es kommen musste: Als Tommy Engel den Klassiker vom „Veedel" anstimmte und alle mitsangen, kamen mir die Tränen. Nicht nur ein paar – es wurde ein ganzer Wasserfall.

200.000,00 Euro für die Kinder und echte Freunde

Es ist schon erstaunlich, wie viele Aktionen wir in dieser Zeit, vor allen Dingen für den guten Zweck, auf die Beine gestellt haben. Insgesamt haben wir rund 200.000,00 Euro für die Gladbacher Kinder gespendet.

Sylvia Zanders hat uns dafür nicht nur im Namen von „Bürger für uns Pänz“ herzlich gedankt, sondern uns und unsere Frauen auch jedes Jahr zu einem Dankesessen in familiärer Atmosphäre und tollen Gesprächen zu sich nach Hause eingeladen.

Schöne und familiäre und besinnliche Abende gab es auch immer bei unseren Weihnachtsfeiern. Die meisten davon haben wir bei unserem Mitglied Salvatore Greco abgehalten. Zuerst im La Fornace in Voiswinkel und dann in seinem Folgelokal Osteria del Corso auf der Odenthaler Straße gegenüber der Aral-Tankstelle, wo seit der Eröffnung auch unsere JUC-Sitzungen stattfanden.

Ja, es war eine schöne Zeit mit dem JUC, die mich sehr geprägt hat, und es sind bewegende und berührende Dinge passiert, die mein Leben positiv beeinflusst haben. Das Wichtigste aber aus dieser Zeit sind die vielen echten Freundschaften, die dadurch entstanden sind und die bis zum heutigen Tag Bestand haben.

Jedes einzelne JUC-Mitglied hat dazu beigetragen, aber ganz besonders meine beiden Stellvertreter Elmar Stollenwerk, von 1994 bis 2009, und Markus Lüttgen von 2009 bis zum Schluss. Aber auch Michael Struth als Schriftführer und Heinz Braun und Horst Steinfeldt als Kassierer haben immer voll hinter mir gestanden und waren wirklich loyale Mitstreiter. Sie alle haben einen großen Anteil am Erfolg des JUC und somit auch an meinem, getreu meinem Motto, „gemeinsam was bewegen“!

Der JUC hatte insgesamt 56 Mitglieder aus den unterschiedlichsten Bereichen: Anwaltskanzlei, Architekturbüro, Bedachungen, Bestattungen und Trauerbegleitung, Druckerei, Folienbeschriftung, Gastronomie, Gebäudeservice und Gebäudereinigung, Kfz-Handel, Maler und Anstreicher, Metallbau, Personalservice, Sanierung von Feuchtigkeitsschäden an Gebäuden, Sanitär und Heizung, Steinmetz und Grabmalkunst, Steuerberatung, Tiefbau/Außenanlagen, Veranstaltungsberatung, Versicherungen, Zahnarztpraxis.

JUC-Mitglieder seit Gründung 1991 bis 2019

Mitglieder bei Auflösung am 01.01.2019:

Burkhardt Unrau (Vorsitzender)
Markus Lüttgen (stellv. Vorsitzender)
Horst Steinfeldt (Kassenwart)
Markus Pleiß
Patrick Duske
Hubertus Niedenhoff
Hans-Martin Heider
Rolf Sam
Jörg Horsten

Jörg Picks
Dirk Weichenhain
Ludwig Krämer
Salvatore Greco
Horst Becker
Matthias Butz
Torsten Keller
Christian Servos
Daniel Ruhfus
David Roth
Marc Christoffel

Weitere Mitglieder im Laufe der 28 Jahre:

Christian Pauluhn
Bernd Cramer von Clausbruch
Gregor Gersdorf
Henning Backhaus
Henning Schmitz
Klaus Sprenger
Ingbert Kolfenbach
Oliver Knigge
Peter Paas
Siegfried Schmitter
Elmar Stollenwerk
Andreas Heuser
Dietmar Rochow
Frank Krahe

Guido Glowitzka
Rolf Combüchen
Heinz Braun
Paul Stannek
Horst Manzke
Jürgen Matthias
Karl Berens
Michael Struth
Robert Olschyna
Stephan Kraus
Ulrich Gerlach
Wilfried Kötz
Wolfgang Halm
Wilfried Patemann
Alexander von Heldreich
Oliver Kirsch
Michael Jünger
Reiner Fleck
Robert Wolf
Andreas Linnert
Wilfried Neuenhaus
Peter Kiefer

7

Kirmes I

Probleme, Lösungen und viele schöne Momente

Zurück zu meiner großen Liebe und Leidenschaft – Kirmes!

Von 1974 bis 1980 wurde die gesamte Innenstadt verkehrstechnisch verändert, der Neubau des Bergischen Löwen durch Gottfried Böhm und die Umwandlung der Hauptstraße zur Fußgängerzone, aber auch die Verlegung des Busbahnhofs zum S-Bahnhof, die Schließung des Paaswegs und der Neubau der Umgehungsstraße hinter der Gaststätte Paas durch den Quirlsberg waren sehr einschneidende Veränderungen in unserer Stadt.

Menschen mit großem Herz für die Schausteller

So waren in diesen Jahren beide Kirmessen, die Pfingstkirmes und die Laurentiuskirmes, auf dem Johannisplatz in Gronau angesiedelt, dort, wo heute McDonald‘s ist.

Mein Vater hatte Gott sei Dank dafür gesorgt, dass schon bei der ersten Planung zur Umgestaltung und Verkehrsberuhigung der Innenstadt die Kirmes voll einbezogen wurde und ihrer Rückkehr somit nichts im Wege stand. Wasser, Abwasser, aber auch das Wichtigste, nämlich der Strom, wurden bei der gesamten Baumaßnahme berücksichtigt.

Mein Vater hatte mir immer gesagt: „Ich gehe erst in den Ruhestand, wenn die Kirmes wieder vor dem Rathaus, also im Zentrum unserer Stadt ist.“ Na, das hat ja wirklich gut geklappt, denn 1980 fand die erste Kirmes wieder in der Stadtmitte statt und mein Vater ging in den Ruhestand.

Mit Hans Pütz hatte ich dazu einen Menschen an meiner Seite, der Spaß an der Kirmes hatte, vor allem aber hatte er ein ebenso großes Herz für die Schausteller wie ich.

Wir beide haben fortan jedes Jahr gemeinsam das Beste für zwei tolle Kirmessen in Bergisch Gladbach getan. Das war nicht immer einfach, da die geplanten Veränderungen der zur Verfügung gestellten Flächen sich immer wieder etwas veränderten. Bis die heutige Fläche der Kirmes erreicht war, dauerte es doch noch einige Jahre.

Hummer, Kaviar und Champagner? Nein danke!

Dann kam die Pfingstkirmes 1992 und ein Gerücht machte die Runde. Die Stadt hätte das Zentrum der Stadt, ganz besonders den Konrad-Adenauer-Platz und die Fußgängerzone, an den Landessportverband vermietet, für das 11. Landesturnfest, und zwar genau ein Jahr später, zu Pfingsten 1993.

Der Plan lautete so: Im Stadion wird Sport getrieben und anschließend soll im Stadtzentrum gefeiert werden. Es sollten drei große Bühnen aufgebaut werden sowie große weiße Zelte, in denen es Hummer, Kaviar und Champagner geben sollte. Eine sogenannte Gourmetmeile sollte entstehen.

Wie kam es zu dieser Überschneidung? Bereits im April 1991 hatte der Stadtrat die Bewerbung für das Landesturnfest abgesegnet. Warum auch immer.

Meine Schausteller waren entsetzt und einfach nur sprachlos. Es ging hier um nicht weniger als ihre Existenz, denn in den vier Kirmestagen kamen auch zu dieser Zeit schon bis zu 100.000 Besucher zur Kirmes. Die Pfingstkirmes war eine feste rechnerische Größe für sie.

Nun schlug meine große Stunde als Kämpfer gegen Ungerechtigkeiten. Denn einigen Politikern und Obrigkeiten war die Kirmes ein Dorn im Auge. Manche wollten sie einfach weghaben.

Ich ging zur Bergischen Landeszeitung und haute den markigen Spruch heraus: „Wenn das nicht ein Irrtum dümmster Weise ist, dann ist es eine Machenschaft. Die Kirmes ist etwas für das ganze Volk, während die Gourmetmeile etwas für die oberen Zehntausend ist."

Der damalige Rechtsdezernent hatte sich in der Zeitung nur lapidar geäußert, dass „die Bedürfnisse der Kirmes zurücktreten müssen, so schlimm sich das auch anhören mag.“

Dass die Kirmes zu diesem Zeitpunkt bereits 150 Jahre in Bergisch Gladbach stattfand, war auch mir damals nicht bewusst. Das habe ich erst 14 Jahre später erfahren.

Es kochte regelrecht auf dem Kirmesplatz, und alle Schausteller waren bereit, für ihr Recht zu kämpfen. Auch die Schaustellerverbände zeigten sich nicht abgeneigt, vor das Verwaltungsgericht zu ziehen. Einzelne Schausteller drohten damit, einfach aufzufahren und aufzubauen.

Es kam Gott sei Dank anders, und das war gut so. Nach vielen Gesprächen wurde schließlich ein Kompromiss gefunden, und beide Veranstaltungen haben nebeneinander stattgefunden.

Die Gourmetzelte wurden auf dem Konrad-Adenauer-Platz aufgebaut, und die Kirmes – in etwas kleinerer Version – vom Forum-Park bis auf die Fläche der Schulhöfe an der Buchmühle verlegt.

Natürlich war das für alle Schausteller schlechter als normalerweise und der Frust saß ziemlich tief. Doch der Kompromiss war immer noch das kleinere Übel.

Größer heißt nicht immer besser

Es gab noch eine weitere Kirmes, die für Gladbacher Verhältnisse nicht „normal" war. Unser damaliger Stadtdirektor Otto Fell hatte es gut gemeint und wollte eine Kirmes der Superlative im Stile eines Pützchens Markts auf die Beine stellen. Das hieß, die Kirmes sollte Konrad-Adenauer-Platz, rund um den Bergischen Löwen, Forum-Park und dann noch zusätzlich Buchmühlenparkplatz und die gesamte Fläche der alten Schulhöfe bis an das Gebäude meiner alten Realschule belegen.

„Sensationell", dachte damals Hans Pütz und war begeistert. Wir konnten nunmehr mehr als doppelt so viele Fahrgeschäfte aufbauen und hatten sogar Platz für eine Gokart-Bahn und eine große Wildwasserbahn. Ich hatte von vornherein Zweifel, ob diese Größe vielleicht des Guten zu viel sein könnte. Doch meine Bedenken fanden keine Resonanz.

Das Ergebnis war dann tatsächlich enttäuschend, denn auch dieses Mal kam für jeden Schausteller nur etwa die Hälfte der Einnahmen herum wie bei einer Kirmes in normaler Größe. Der Grund war eigentlich einleuchtend: Es kamen nicht mehr Menschen als sonst und sie gaben auch nicht mehr Geld aus. Ein Phänomen, das nicht wirklich selten ist. Ich sage da immer: „Das Portemonnaie kann nur einmal ausgeleert werden!“

Zu allem Überfluss ging der Besitzer der Wildwasserbahn pleite, und daher stand das Geschäft noch wochenlang bei uns herum, bis der Insolvenzverwalter die Bahn abbauen ließ. Beim Ablassen des Wassers hinterließ er eine schöne Seenplatte auf dem damaligen Aschenplatz.

Ein Verein für die Schausteller

Es ist nicht einfach, eine gute und erfolgreiche Kirmes zu machen. Da müssen Leute ran, die es auch können und die alle Unwägbarkeiten vorher berücksichtigen.

Mein Freund und Autoscooter-Besitzer Günter Barth hatte die richtige Idee. Er schlug vor, einen Verein zu gründen, der sich um den Erhalt des Kulturgutes Kirmes und die Brauchtumspflege kümmern sollte. Er lag mir mit dieser Idee so lange in den Ohren, bis wir tatsächlich 1994 den Schaustellerverein Bergisch Gladbach e.V. gründeten.

Zwölf Schausteller und ich unterschrieben am 23. Mai 1994 das Gründungsprotokoll. Heute zählt der Verein 24 Mitglieder, die sich liebevoll um den Erhalt der beiden schönsten und größten Innenstadt-Kirmessen im Rheinisch-Bergischen Kreis bemühen.

Warum dies überhaupt notwendig war, lag eigentlich auf der Hand. Kirmes hatte in Bergisch Gladbach keine Lobby; weder in der Stadtverwaltung noch in der Politik.

1993 verdrängte das Landesturnfest die Pfingstkirmes von ihrem angestammten Platz, aber auch das Schreckgespenst „Privatisierung“ schwebte immer latent über den Kirmessen. Das bedeutete, dass die Stadt darüber nachdachte, die Kirmessen nicht mehr selbst zu organisieren.

Während Bürgerinnen und Bürger aller Altersklassen und Schichten die Kirmes als feste Institution ansehen, war dies bei den Offiziellen damals anders. Bei ihnen war das Bewusstsein verloren gegangen, dass die Kirmes ein Kulturgut ist und Menschen verbindet. Kirmes bietet Jung und Alt Vergnügen und Abwechslung vom Alltag, und sie fördert Brauchtum und Geselligkeit. Kirmes fand zwar immer statt, hatte aber wie gesagt keinerlei Lobby, die sich um die Belange der Schausteller kümmerte.

Beispielhaft dafür war das Marketing-Konzept der Stadt Bergisch Gladbach, in dem – zumindest als es noch in den Kinderschuhen steckte – die Kirmes vollständig fehlte.

Verein und Verwaltung Hand in Hand

Damit war eine der ersten Herausforderungen für mich, Stadtverwaltung und Politikern deutlich bewusst zu machen, dass bestehende Attraktionen, wie die beiden Großkirmessen zu Pfingsten und an St. Laurentius, mit überregionaler Akzeptanz und hoher Besucherfrequenz in das Marketing-Konzept unbedingt mit hineingehörten.

Schon nach kürzester Zeit wurde unserem Antrag in der Sitzung des Marketingbeirates am 11. Mai1995 stattgegeben und das Projekt Kirmes in das Stadtmarketing-Konzept aufgenommen. Die Unterstützung von allen Seiten war überwältigend. Das war dringend notwendig gewesen, um die Interessen der Schausteller gegenüber der Stadt besser vertreten zu können. Heute gehört die Kirmes in Bergisch Gladbach wie selbstverständlich zum Marketing-Mix dazu.

Dieser erste Erfolg spornte uns in unseren Bemühungen an. Wir hatten das Gefühl, nun unsererseits etwas ganz Besonderes leisten zu müssen.

Erstmals entrichteten alle Schausteller zur Pfingstkirmes 1995 ein zusätzliches Werbegeld. Mit diesem Geld leisteten wir aktive Öffentlichkeitsarbeit.

Mir fiel ein, man könnte Werbetafeln an den Einfallstraßen von Bergisch Gladbach aufstellen. Es wurde eine Private-Public-Partnership in Reinkultur.

Der Schaustellerverein baute sieben Werbetafeln auf eigene Rechnung und schenkte sie der Stadt. Der Bauhof baute nach Absprache mit Tiefbauamt, Ordnungsamt, Bauordnungsamt, Wirtschaftsförderung und Stadtmarketing die Tafeln fest ein.

Die Kosten übernahm auch hier wieder der Schaustellerverein. Ohne die sonst oft horrende Bürokratie fand hier in einer beispiellosen Aktion gelebtes Stadtmarketing im besten Sinne des Wortes statt.

Gelebtes Stadtmarketing trifft liebevolle Brauchtumspflege

Nicht nur für die Kirmessen sind die Tafeln eine ideale Werbefläche, sondern inzwischen für alle städtischen Großveranstaltungen wie Stadtfest, Weihnachtsmarkt und Wochenmarkt, und auch für Imagewerbung der Stadt.

Im Jahr 2001 wurden alle Tafeln mit neuen Aluminium-Schaukästen und neuer Beschriftung umgerüstet; wieder auf Kosten des Schaustellervereins.

Da ich vereinsmäßig auf zwei Hochzeiten tanzte, kümmerten sich zwei Mitglieder des Junge Unternehmer Clubs um die Umsetzung: Hubi Niedenhoff produzierte die Aluminiumkästen und Horst Steinfeldt sorgte für die Beschriftung.

Doch damit nicht genug: Ebenfalls in Zusammenarbeit mit dem JUC wurde eine große Werbeanlage mit Plane vor der Einfahrt der Firma Zanders installiert.

Lui Krämer sorgte für die Tiefbauarbeiten, das Gerüst stellte Guido Glowitzka und die Plane kam von Horst Steinfeldt – wieder war es ein Geschenk an die Stadt. Diese Anlage wird bis heute genauso genutzt wie die sieben Werbetafeln an den Einfallstraßen.

Seit der Pfingstkirmes 1995 gibt es bei jeder Kirmes eine offizielle Eröffnung durch den Bürgermeister oder den Landrat; jeweils Kirmessamstag um 12.00 Uhr mit Bierfassanstich, Glockengeläut und Böllerschüssen.

Anschließend werden Freifahrchips verteilt und die Offiziellen machen sich auf einen Rundgang über den Kirmesplatz. Die dabei anfallenden Kosten sowie die Kosten für das jeweils am letzten Kirmestag, dem Kirmesdienstag, stattfindende Höhenfeuerwerk, übernehmen ebenfalls die Schausteller.

Das ist gelebtes Stadtmarketing: liebevolle Brauchtumspflege im Interesse aller Bürgerinnen und Bürger, für mehr Attraktivität unserer Heimatstadt, und zwar unverwechselbar und einzigartig.

Weltjugendtag und Kirmes? Passt das? Passt.

Ein Highlight der Kirmes war der Weltjugendtag in Köln im Jahr 2005, der bis in unser Bergisches Land ausstrahlte und ganz besonders nach Bergisch Gladbach.

Alles begann damit, dass die Gemeinde St. Laurentius Ende 2002 mit Norbert Hörter einen neuen Pfarrer bekam, und dieser natürlich den Weltjugendtag als das wichtigste Ereignis auf der Welt ansah.

Dummerweise begann der Weltjugendtag bereits mit der Ankunft der Jugend aus aller Welt eine Woche vor der eigentlichen Zeremonie in Köln. Norbert Hörter wollte alle Jugendlichen auf dem Konrad-Adenauer-Platz begrüßen. Hinderlich war nur: Es fand gerade unsere Laurentiuskirmes statt. Das konnte nicht gut gehen. Oder doch?

Norbert Hörter und ich führten hitzige Diskussionen und anstrengende Gespräche. Und dann fanden wir eine Lösung – wie es halt eigentlich immer passiert.

Die Begrüßung der Weltjugendtag-Teilnehmer sollte am Mittwoch nach der Kirmes stattfinden, die am Dienstagabend mit dem Feuerwerk endete. Ich versprach dem Pfarrer Norbert Hörter in die Hand, am Mittwochmorgen um sieben Uhr würde der Platz leer und sauber sein. Alles wäre abgebaut und der Weltjugendtag könne beruhigt kommen.

Ich weiß nicht wie, aber das hat geklappt. Wieder einmal haben alle an einem Strang gezogen. Nur so können besondere Dinge gelingen.

Ich kann mich noch gut daran erinnern. Es war für mich eine schlaflose Nacht. Die habe ich immer beim Abbau der Kirmes, aber mit sieben Uhr hatte ich mir und meinen Schaustellern schon einen ordentlichen Zeitdruck aufgebürdet.

Um sechs Uhr war alles abgebaut und vom Platz gefahren. Im Anschluss kamen die Kehrmaschinen und Reinigungskräfte der Stadt und wirbelten über die Fläche, die gerade eben noch ein Kirmesplatz mit Feuerwerk gewesen war.

Da stand er dann, pünktlich um sieben Uhr, und schaute etwas ungläubig aber froh und glücklich, der Pfarrer Norbert Hörter. Ich hatte meine Zusage eingehalten – und dafür eine neue Freundschaft gewonnen.

Ich hatte noch einen draufgesetzt, denn Norbert Hörter und die Kirche konnten mit finanzieller Unterstützung der VR-Bank einige hundert Fahrchips an Kinder aus aller Welt verteilen, sodass diese zum Teil das erste Mal in ihrem Leben auf einem Karussell fahren konnten.

Und da waren sie wieder, die leuchtenden Kinderaugen, die mich immer wieder antreiben, was Besonderes zu machen.

Der Weltjugendtag war für viele Menschen in Bergisch Gladbach ein ganz besonderes Ereignis. Danach sprach mich Norbert Hörter an und wollte weiter etwas Gemeinsames machen. Er hatte die schöne Idee der Schaustellermesse zur Laurentiuskirmes und wollte damit auf das Patronatsfest der Pfarrei St. Laurentius hinweisen; diese ist schließlich der Ursprung der Laurentiuskirmes.

Was 2006 begonnen wurde, ist inzwischen Tradition geworden. Jedes Jahr – immer vor der eigentlichen Kirmeseröffnung – findet die Schaustellermesse in St. Laurentius statt; stets mit anschließendem Frühstück vor der Kirche, zu dem Schausteller und Kirche gemeinsam einladen.

Wie alt ist eigentlich die Kirmes?

Eines Tages im Jahr 2006 meldete sich der Leiter unseres Stadtarchivs, Dr. Albert Eßer. Er sagte, er habe etwas Historisches im Archiv gefunden, das mich interessieren würde.

Ich fuhr zu ihm, und er zeigte mir ein Dokument, aus dem hervorging, dass am 16. August 1842 das Standgeld von mehreren Schaustellern durch den damaligen Dorfpolizisten für die Stadt Bergisch Gladbach kassiert worden war. Ich war begeistert! Das ist bis heute die älteste offizielle Aufzeichnung über die Kirmes in Bergisch Gladbach.

Gemeinsam was bewegen galt nicht nur für den JUC, sondern auch auf der Kirmes. Nur mit vielen lieben Menschen zusammen kann man etwas auf die Beine stellen.

So viel ist dort entstanden und so vieles hat stattgefunden. Filme sind gedreht worden, Musikvideos aufgenommen, zum Beispiel mit der Tochter von Jürgen Drews durch meinen Freund Manfred Esser, Starfotograf aus Bergisch Gladbach.

Immer traf man unfassbar viele Menschen, auch viele aus der Kategorie „Promi". Unsere Altbundeskanzlerin Angela Merkel hatte ich sogar zweimal in Gladbach zu Besuch. Innenminister Herbert Reul war mehrfach dort und auch die Ministerpräsidenten Jürgen Rüttgers und Armin Laschet besuchten die Kreishauptstadt und ich durfte sie herzlich willkommen heißen.

Angela Merkel und das Kettenkarussell

Die spannendsten Erlebnisse waren für mich die beiden Treffen mit Angela Merkel. Das erste Mal war sie bei einer Wahlkampfveranstaltung 1999 in Bergisch Gladbach und unterstützte Wolfgang Bosbach beim Wahlkampf der CDU. Sie war damals noch Generalsekretärin der CDU Deutschland.

WoBo fragte mich, ob er mit ihr einen Kirmesbesuch abstatten könnte, denn wir hatten gerade Pfingstkirmes in der Stadt. Ich stimmte natürlich sehr gerne zu.

So ergab es sich, dass wir uns alle am Kirmeseingang trafen und ich Frau Merkel einen Rundgang über die Kirmes vorschlug, einmal Kettenkarussell zu fahren und zum Abschluss noch ein Kölsch bei meinem Freund Günter Barth am Ausschank zu trinken. Sie stimmte erfreut zu.

Angela Merkel fühlte sich anscheinend heimisch. Sie sprach mit Kirmesbesuchern und Schaustellern und verteilte die von mir organisierten Freifahrchips an Kinder aus dem Overather Kinderheim.

Als wir am Kettenkarussell angekommen waren, fuhren nicht nur wir beide, sondern auch WoBo, der damalige Oberkreisdirektor Norbert Mörs, Landtagsabgeordneter Rainer Deppe und der damalige Generalsekretär der CDU in NRW, Herbert Reul, mit. Der Rundgang endete wie besprochen wieder am Brunnen vor dem Rathaus.

Plötzlich wurde es hektisch, denn das Orgateam von Angela Merkel wollte weg; man hatte plötzlich Zeitdruck. Ich schnappte mir also Frau Merkel und erinnerte sie an ihr Versprechen, mit mir ein Kölsch zum Abschluss zu trinken. Ich war völlig überrascht, als sie den Aufbruch stoppte und zu mir sagte: „Genau! Das habe ich Ihnen versprochen, und das machen wir jetzt auch." Ich war erstaunt, aber völlig begeistert über diese Zuverlässigkeit, und wir tranken in aller Ruhe unser Kölsch.

18 Jahre später: Kanzlerin kehrt zurück auf den Kirmesplatz

Es war 18 Jahre später, als ich erfuhr, dass unsere Bundeskanzlerin Angela Merkel wieder für einen Wahlkampf nach Bergisch Gladbach kommen würde; diesmal zur Unterstützung von Dr. Hermann-Josef Tebroke, der zu diesem Zeitpunkt Landrat des Rheinisch-Bergischen Kreises war und für den Bundestag als Nachfolger von Wolfgang Bosbach antrat.

Mir kam die Idee, Angela Merkel das Bild von damals auf dem Kettenkarussell zu schenken. Aber wie sollte ich das machen? Ich fragte meinen Freund Rainer Deppe und dieser signalisierte mir: „Das mache ich schon, das kriegen wir hin."

Noch etwas ungläubig ließ ich zwei Bilder aus der damaligen Zeitungsausgabe des Kölner Stadt-Anzeigers auf Leinen aufziehen und harrte der Dinge, die da kommen würden.

Einige Wochen vor dem großen Ereignis meldete sich das Bundeskriminalamt bei mir. Ich musste viele Fragen beantworten und Formulare ausfüllen, bis ich das Okay des Bundeskanzleramtes hatte, an der Veranstaltung teilnehmen zu dürfen. Über den Ablauf wusste ich zu diesem Zeitpunkt noch nichts.

So kam der 22. August 2017 und in meinem heimlichen Wohnzimmer, dem Konrad-Adenauer-Platz, nahm der Besuch der Bundeskanzlerin Formen an.

Ich war frühzeitig dort, um mir alles anzuschauen. Eine große Bühne wurde aufgebaut, Absperrungen eingerichtet und was sonst noch alles an Sicherheitsvorkehrungen Standard war.

Und ich, ich stand da, in der Hand meine Tüte, in der die beiden Bilder mit der Kanzlerin auf dem Kettenkarussell waren. Was sollte ich tun? Ich nahm meinen Mut zusammen und fragte einige der Begleiter, bis ich auf die richtige Person traf, die wusste, dass ich etwas überreichen wollte.

Was, wussten sie aber nicht, wahrscheinlich hatte ich es in der Aufregung auch gar nicht gesagt. Daher kam nun ein böse blickender Mensch vom BKA und fragte mich barsch, was in der Tüte sei. Ich sagte: „Da sind zwei Bilder drin, die ich Frau Merkel überreichen möchte." Der BKA-Mitarbeiter nahm mir die Tüte ab, warf sie auf die Bühne, holte einen Wachhund aus dem Auto und ließ diesen an meiner Tüte und den Karussellfotos schnüffeln. Dann kam noch ein zweiter Hund dazu, der aber begann, mit der Tüte zu spielen und sie hin und her zu werfen. Ich dachte, das könne eigentlich nicht gut gehen und hatte Sorge, dass von meinen Bildern nur noch Stückwerk übrigbliebe. Nach unendlich erscheinenden Minuten der Unsicherheit bekam ich meine Tüte zurück; es sei alles in Ordnung.

Mir fiel ein Stein vom Herzen. Ich wusste aber immer noch nicht, wie ich auf die Bühne kommen sollte, geschweige denn, wie und wann ich die Bilder übergeben könnte.

Mit zittrigen Knien ans Rednerpult

Der Platz füllte sich mit vielen Menschen, die die Bundeskanzlerin hören und sehen wollten, und ich durfte mit meiner Frau Ute neben Bürgermeister Lutz Urbach, dem Bundestagskandidaten Dr. Hermann-Josef Tebroke, Herbert Reul, Rainer Deppe und Holger Müller auf einer Bank direkt vor der Bühne Platz nehmen.

Dann kam sie, unsere Kanzlerin, zusammen mit dem damaligen Ministerpräsidenten Armin Laschet, begrüßte uns alle und ging auf die Bühne. Alle anderen Protagonisten folgten ihr. Außer mir.

Während Frau Merkel ihre Rede hielt, winkte mir Rainer Deppe unauffällig zu und bedeutete mir, ich solle doch ebenfalls auf die Bühne kommen. Nach mehreren Versuchen hatte ich es endlich begriffen, nahm mein Herz in die Hand und ging einfach seitlich auf die Bühne und stellte mich hinter Angela Merkel zu den anderen.

Die Sicherheitsleute des BKA erkannten mich anscheinend wieder und ließen mich ohne böses Gesicht oder Hunde gewähren. Aber sie fragten mich auch, ob ich denn unbedingt etwas sagen müsse. Ich antwortete: „Ja, auf jeden Fall."

Als die Kanzlerin fertig war, hielt Hermann-Josef Tebroke seine Rede, die – für mich völlig überraschend – damit endete, dass er mich und mein Vorhaben ankündigte.

Mit etwas zittrigen Knien schritt ich ans Rednerpult und brachte mein Anliegen vor. Und ja, ich erzählte die Geschichte von 1999 und wie begeistert ich damals von Angela Merkel gewesen war, weil sie einfach nur Wort gehalten und mit mir das versprochene Bier getrunken hatte.

Ich sah ein Lächeln über ihr Gesicht huschen. Ich glaube, sie war einfach nur froh, dass ich etwas Positives gesagt hatte. Dann holte ich die Bilder aus meiner Tüte und überreichte sie ihr. Nun war ihr Lächeln strahlend, und sie schaute sich sichtlich erfreut die Bilder an, mit all den Menschen auf dem Karussell, die jetzt auch auf der Bühne standen.

Sie bedankte sich mehrfach; wirklich sehr herzlich. Es wurden auch Fotos für die Presse von uns beiden gemacht. Erst viel später sah ich, dass ich meinen Arm um der Kanzlerin Hüfte gelegt hatte.

Jedes Jahr ein neuer Kick!

Heute zählen beide Kirmessen zu den schönsten und attraktivsten Innenstadt-Kirmessen im Rheinisch-Bergischen Kreis. Das liegt auch daran, dass es einen für den Besucher einzigartigen Rundlauf gibt. Von Rathaus und Laurentiuskirche aus geht es zwischen Bergischem Löwen und Villa Zanders hindurch, durch den Forum-Park und über die Fußgängerzone der oberen Hauptstraße zurück zum Konrad-Adenauer-Platz.

Immer, in all den Jahren, habe ich mich bemüht, etwas Besonderes bei jeder Kirmes zu machen. Ob Jubiläen des Schaustellervereins oder neue Fahrgeschäfte – es braucht immer einen neuen Kick, um die Attraktivität zu erhalten, bestenfalls zu steigern.

So zum Beispiel im Jahr 2017, zum 175-jährigen Jubiläum der Laurentiuskirmes in Bergisch Gladbach.

Es wurde eine Kirmes der Superlative; mit Wilder Maus, dem neuesten Riesenrad in Deutschland und einer historischen Kirmesorgel meines Freundes Hubert Markmann.

Die Eröffnung war bereits am Freitag und begann mit einem Umzug von historischen Zugmaschinen durch die Fußgängerzone, von der RheinBerg-Galerie bis zum Kirmesplatz. Die Familien Markmann, Wingender und Gormanns, aber auch Manfred Sistig aus Bergisch Gladbach hatten ihre Schmuckstücke extra nach Bergisch Gladbach gebracht. Es war ein Spektakel, leider bei strömendem Regen.

Kirmesgeschichte: Wünschs Würstchen

Eine der großen Erfolgsgeschichten des Bergischen ist die Geschichte von Wünschs Würstchen. Und ohne Kirmessen hätte es sie vermutlich nicht gegeben. Diese ganz besondere Familiengeschichte begann im Sommer 1949 mit der genialen Idee von Walter Wünsch, der als Koch im Schloss Bensberg arbeitete, an seinem Moped einen kleinen Anhänger mit einem Grill darauf anzubringen und durch das Bergische Land zu fahren. Auf Kirmessen und Schützenfesten bot er mit seiner Ehefrau Anna die schmackhaften Würstchen feil, die in einer kleinen Moitzfelder Metzgerei gekauft wurden. Ab 1965 wurde dann in Herweg selber produziert.

Anfang der 1960iger-Jahre kam die erste fahrbare Würstchenbude auf die Gladbacher Kirmes. Als Sohn Horst den Metzgerberuf erlernte und mit Ehefrau Ursula 1972 in das mobile Unternehmen einstieg, hatten sie fast 20 Imbissbuden. Horst baute das Unternehmen erfolgreich aus und verlegte die Produktionsstätte 1975 an die Hermann-Löns-Straße 130 in Bergisch Gladbach, wo sie sich noch heute befindet.

Mit Dirk Wünsch übernahm 1978 schon die dritte Generation den Betrieb. Auch seine Ehefrau Gabriele trat ins Unternehmen ein, und die beiden setzten unverzüglich neue Akzente. Sie rationalisierten und automatisierten die Produktion und begannen, dem Kunden auch bereits gegarte Fertiggerichte anzubieten.

1999 änderten sie den Namen in Wünschs Fleischspezialitäten. Der heutige Metzgerei-Fachbetrieb hat über 100 Auszeichnungen für die Qualität seiner Produkte erhalten und genießt bundesweit einen hervorragenden Ruf. Mit Sohn Christian und seiner Frau Janine steht bereits die vierte Generation zur Übernahme bereit, um die Erfolgsgeschichte fortzuführen.

Kirmes privat: Geburtstage und Hochzeit

Auch meine privaten Feste fanden überwiegend auf der Kirmes statt. Geburtstage ohnehin, weil die ja am 10. August stets auf die Laurentiuskirmes fallen. An meinen 50sten habe ich besonders viele Erinnerungen.

Günter Barth und seine Töchter Bärbel und Maria verwandelten den Autoscooter Route 66, übrigens einer der größten und schönsten Scooter Deutschlands, in eine riesige Diskothek. Einen Tag vor der Kirmeseröffnung hatten sie die Autos von der Fahrbahn entfernt und stattdessen Tische und Bänke aufgebaut.

Männi Liebe, seine Frau Linda und seine ganze Familie, die unter anderem den Liebe's Grill auf der Kirmes betreiben, kümmerten sich um das Essen.

Die Birds um Engelbert Israel spielten live – und ich sang natürlich mit!

Die große Überraschung erfolgte kurz vor Mitternacht – wir feierten in den Geburtstag rein –, als Jürgen Fritz mit seiner Cousine Elke und Grant Stevens, einem mir sehr gut bekannten Sänger aus Tonstudio Hitdorf Zeiten, gleich mehrere Lieblingslieder aus der Feder von Jürgen vortrugen.

Ich bin in solchen Situationen nah am Wasser gebaut. Und ich weiß noch gut, dass meine Tränen nur so flossen. Erst recht, als um Punkt Mitternacht direkt von der Rathaustreppe aus, ein Feuerwerk als „Ständchen" für mich und etwa 300 Gäste den Nachthimmel erleuchtete.

Diese für mich sehr bewegende Nacht hatte meine damalige Frau Martina organisiert.

Ähnliches habe ich dann noch einmal erleben dürfen, bei meiner dritten Hochzeit, mit meiner jetzigen Frau Ute. Wieder auf dem Autoscooter, aber dieses Mal war es ein Hochzeitszelt geworden.

Nach der offiziellen Trauung am 11. Juni 2011 durch unseren Bürgermeister Lutz Urbach im altehrwürdigen Rathaus gingen wir runter auf den Autoscooter, setzten uns auf zwei Sessel aus dem Ratssaal und gaben uns dann, vor den drei Standesbeamten Lutz Urbach, Pressesprecher Peter Schlösser und Hans Pütz vor 300 Menschen das Jawort! Danach spielte und sang mein Freund Hans Pütz „Halleluja" von Leonard Cohen. Und schon wieder flossen die Tränen.

Anschließend fuhr uns Utes Sohn Patrick mit einem ziemlich großen Trecker über den gesamten Kirmesplatz. Wir saßen in einer großen Schaufel auf Strohballen, die mit weißen und roten Blüten geschmückten Betttüchern abgedeckt waren. Viele Gladbacher säumten unseren Weg und applaudierten, und wir bedankten uns mit freudigem Winken.

Es war schon ein kleines bisschen so wie bei einem Karnevalsumzug oder einer Kutschfahrt der Königin von England. Halt unvergesslich.

Auch der 60ste war etwas ganz Besonderes, wenn auch in etwas kleinerer Runde, natürlich am Ausschank von Günter Barth.

Als wir fröhlich beisammenstanden, ertönte plötzlich ein Happy Birthday auf der E-Gitarre und wir mussten schon in alle Richtungen schauen, um zu sehen, woher das denn kam. Ja, es kam von oben, tatsächlich vom Rathausturm unseres historischen Rathauses. Da stand Markus Lüttgen mit der E-Gitarre und spielte mir ein Ständchen. Alle waren begeistert und sangen mit.

Doch was war das denn? Als das Lied zu Ende war, gab es einen tosenden Applaus und dann …?

Da kletterte Tom Morgan alias Patrick Duske doch tatsächlich über das Geländer des Turmes und stand plötzlich freihändig vor selbigem und hielt eine sehr bewegende Laudatio über mich.

Ein großes Raunen ging unten durch die Runde mit vielen Ooohs und Aaahs.

Das Zuhören war etwas schwierig, weil alle, auch ich, Angst hatten, dass er da bloß nicht runterfällt. Was für ein Leichtsinn, dachte ich nur.

Doch wir hätten uns alle sehr schnell beruhigt, wenn wir gewusst hätten, dass Patrick wirklich sicher mit starken Gurten angeschnallt war. Das konnten wir aber von unten nicht sehen.

Das war schon wieder etwas ganz Besonderes und von wem konnte das nur stammen, natürlich von Patrick Duske, alias Tom Morgan.

Die Begeisterung war grenzenlos und wir feierten bis in den frühen Morgen.

Im Tal der Tränen

Es gab aber auch eine Zeit, die gehörte zu den weniger erfreulichen meines Lebens.

Was war passiert? Martina hatte sich von heute auf morgen von mir verabschiedet.

Es war Pfingsten 2007. Wie immer hatte ich am Samstag die Kirmes eröffnet und kam erst spät abends nach Hause. Ich ging ins Bett; Martina schlief schon.

Am nächsten Mittag ging ich in die Küche, und Martina war weg. Dort lag ein Zettel, auf dem stand: „Ich kann nicht mehr, ich bin weg, such' mich bitte nicht." Das war's.

Für mich brach eine Welt zusammen und ich fiel in eine tiefe Depression. Ich war nur noch traurig.

Ich habe es damals noch nicht verstanden, aber ich glaube, mein Leben war für Martina einfach zu viel und zu anstrengend. Alles drehte sich nur noch um mich und mein Leben, und ich habe dabei ein Stück weit meine Frau und meine Liebe vergessen.

Diese Situation erschien mir wie der Weltuntergang, und wenn ich nicht wirklich liebe Freunde gehabt hätte, ich weiß nicht, was ich gemacht hätte. Menschen wie zum Beispiel Andrea und Jörg Picks, aber auch Gaby und Horst Steinfeldt oder Elmar Stollenwerk und natürlich wieder einmal Jürgen Fritz und auch Günter Barth haben mir in dieser Zeit wirklich geholfen und Halt gegeben.

Es geht wirklich wenig über gute Freunde. Auch die Insel Mallorca spielte eine große Rolle, um mein Leben neu mit Sinn zu füllen.

Eine neue Liebe – für die Kirmes und für mich

Und Ute? War ein Glücksfall für mein Leben. Ich lernte sie durch die Kirmes kennen, denn sie folgte im Jahr 2000 auf Hans Pütz im Ordnungsamt der Stadt. Hans war ins Schulamt gewechselt.

Zunächst hielt ich das für eine Katastrophe. Eine Frau sollte Kirmes machen? Mit den größten Machos der Welt, den Schaustellern (zumindest damals war das so)? Sie waren alle laut und grob – das konnte nicht gut gehen. Doch, ging es. Ich hatte mich komplett geirrt.

Hans hatte mir mitgeteilt, dass er weggeht und eine Frau Ute Döpper-Jäger seine Nachfolgerin werden würde. Er versprach mir allerdings, sie bestens vorzubereiten und einzuarbeiten.

Wir machten also unsere erste Kirmes zusammen. Ute war wirklich interessiert und hatte keine Fragen. Ich habe ununterbrochen auf sie eingeredet und versucht, ihr alles zu erklären, vor allem, wie man mit Schaustellern umgehen muss.

Es lief alles völlig reibungslos und ich dachte immer wieder bei mir, das kann doch gar nicht wahr sein. Auch als Hans nicht mehr unterstützte, hatten wir keinerlei Probleme, die wir nicht lösen konnten. Und – sehr ungewöhnlich – es passierte überhaupt nichts Außergewöhnliches.

Diese Frau war die zweite Frau, mit der ich seitens der Stadt wirklich problemlos zusammenarbeiten konnte. Die erste war übrigens unsere erste Bürgermeisterin Maria-Theresia Opladen.

Ich war unfassbar froh, dass alles so reibungslos lief. Ich hatte mir völlig umsonst Sorgen gemacht. Das ist jetzt 23 Jahre her, und wir machen die Kirmes immer noch zusammen. Allerdings nicht nur das. Bis sich wirklich etwas anbahnte, dauerte es allerdings eine Weile.

Seelen- und Lieblingsmensch

Meine Scheidung fand erst im Jahr 2009 statt. Auch Ute war verheiratet, trennte sich aber dann von ihrem

Mann und ließ sich ebenfalls scheiden. Im Sommer 2009 flog ich nach Mallorca, meldete mich bei Ute ab und riet ihr: „Mach' es doch wie ich, pack' einfach deinen Koffer und fahr in Urlaub." Und weg war ich.

Ich wohnte im Robinson Club Cala Serena, als eines Tages mein Handy klingelte und Ute in der Leitung war. Sie sagte: „Hol' mich und Patrick (ihr Sohn, der damals 17 Jahre alt war) doch einfach am Flughafen in Palma ab. Wir kommen morgen zu Dir!"

Und was war meine erste Reaktion? Ich dachte: „Auweia, jetzt haben wir den Salat!" Für mich kam das ganz schön plötzlich und völlig überraschend. Wir hatten dennoch eine schöne Zeit, aber zu mehr war ich einfach noch nicht bereit.

Ein Jahr später gab ich den Widerstand auf, wir zogen zusammen und wieder ein Jahr später heirateten wir. Ja, ich hatte mich verdammt nochmal einfach nur in diese Frau verliebt! Sie ist bis heute meine große Liebe und mein Seelen- und Lieblingsmensch geblieben.

Hört sich an wie im Märchen, manchmal muss ich mich kneifen, ob ich träume oder wach bin, denn ich hatte plötzlich sogar eine komplette Familie, denn da war ja noch ihr Sohn Patrick und, jetzt kommt's, der kleine Rasputin, ein kleiner süßer Jack Russel Terrier, der mich vom ersten Tag an adoptiert hat.

Kirmes ist ein Gefühl

Die Kirmes hat in Bergisch Gladbach viele Dinge bewegt und viele Menschen berührt. Und sie tut es immer noch. Jahr für Jahr. Liebe und Glück, Freundschaft und Zusammenhalt, Lebensfreude und Spaß, geschlossene Ehen und die sprichwörtlichen leuchtende Kinderaugen stehen für das Gefühl, das sich bei mir sofort einstellt, sobald ich auch nur an die Kirmes denke.

Die Bergisch Gladbacher Kirmes hat sogar zu einer Erfindung inspiriert, die heute noch weltweit wichtig ist.

Aus dem Betrachten der Zuckerwatte auf der Kirmes entstand schlussendlich die als Dämmstoff genutzte Glaswatte (siehe Kasten).

Der Bruder des Erfinders war Karl Rosengarth, ein Schulfreund meines Vaters. Unsere Familien waren befreundet, und auch wir Kinder spielten oft zusammen bei Rosengarths im Garten ihres Hauses Am Sonnenweg.

Meine Freundin Julia, die Tochter von Karl Rosengarth und Patenkind von Friedrich Rosengarth, wurde neue Besitzerin meines kleinen Fahrrädchens, als ich ein größeres bekam.

Kirmesgeschichte:
Von Zuckerwatte und Glaswolle

Die Geschichte der Glaswatte begann Anfang der 1930er-Jahre in Bergisch Gladbach. Als der Ingenieur Friedrich Rosengarth bei einem Kirmesbesuch sah, wie dort Zuckerwatte hergestellt wurde, kam ihm die unglaubliche Idee, ein ähnliches Verfahren zu nutzen, um aus Glas Glaswolle herzustellen. Eine süße Anregung für eine bahnbrechende Erfindung:

Bei Zuckerwatte wird Kristallzucker auf 185 Grad in einem Kolben erhitzt, der in einer Edelstahlwanne in der Mitte sitzt. In der Wand des Kolbens befinden sich übereinander angeordnete Reihen von Löchern. Wird der Kolben durch einen Motor in Drehbewegung versetzt, schleudert die Zentrifugalkraft den flüssigen Zucker durch die winzigen Löcher des Kolbens nach außen an den Rand der Edelstahlwanne und die entstehenden Fäden werden von einem Holzstäbchen aufgefangen.

Der Kirmesbesuch war die Geburtsstunde der Glaswolle, eines Dämmstoffs, der von Bergisch Gladbach aus die Welt erobern sollte. Denn die Glaswolle – anfänglich auch Glaswatte genannt – erwies sich durch die zwischen den Glasfäden eingeschlossene Luft als exzellentes Isoliermaterial.

1931 nahm die Glaswatte GmbH in Bergisch Gladbach die Produktion auf und 1935 stieg der französische Konzern Saint-Gobain mit 50 Prozent ein. 1972 fusionierten „Glaswatte“ und „Grünzweig + Hartmann“ (G+H). 1982 wird der 120 Meter hohe Sammelkamin errichtet. Im Jahr 2000 wird das Unternehmen in Saint-Gobain Isover G+H AG umfirmiert. Heute wird Glaswolle wie in Bergisch Gladbach in 40 Werken weltweit produziert.

Diskussion um die Ponybahn

Schön, dass wir unsere Kirmessen haben! Es hat sich für mich immer gelohnt, für die Kirmes zu kämpfen, auch wenn es mal schwierig wurde – und das war es eigentlich immer.

Ich erinnere nur an den Streit mit Lutz Urbach wegen der Ponyreitbahn auf der Kirmes. Die Ponys sollten auf einmal verschwinden, weil sich die Tierschützer schon lange dagegen ausgesprochen hatten.

Es war für mich ein Schock, dass sich ausgerechnet unser Bürgermeister Lutz Urbach anfänglich dieser Meinung angeschlossen hatte, und so stellte ich unsere Freundschaft infrage, das Tischtuch war zerrissen.

Nach langen und intensiven Gesprächen mit allen Beteiligten und einer breiten Diskussion in der Öffentlichkeit durfte die Ponybahn trotzdem aufbauen und ihren Betrieb abhalten.

Die Ponys wurden während ihrer gesamten Anwesenheit in Bergisch Gladbach vom Veterinäramt des Rheinisch-Bergischen Kreises überwacht und gesundheitlich überprüft. Das eindeutige Ergebnis war, dass es sich weder um Tierquälerei noch um Fehlhaltung der Tiere handelte.

Trotzdem entschloss sich der Ponybahnbesitzer, seine geliebte Ponybahn aufzugeben, denn der Druck, den die selbst ernannten Tierschützer auf allen Kirmesplätzen in Deutschland ausübten, wurde einfach zu groß. Er verkaufte seine Bahn und die Ponys. Für mich war das ein trauriges Ende einer geliebten Tradition.

Das Tischtuch zwischen mir und Lutz Urbach wurde übrigens durch unseren gemeinsamen Freund, Altbürgermeister und Ehrenbürger Franz-Heinrich Krey, geflickt! Er hatte die Vernunft, Reife und Weitsicht und so viel Liebe im Herzen, dass Lutz und ich ihm dafür bis an unser Lebensende dankbar sein werden.

Ich habe sie alle „überlebt“

22 Verantwortliche haben in meiner Ära zum Erfolg unserer Kirmessen in Bergisch Gladbach beigetragen. Sie kamen und gingen – ich blieb:

Franz Karl Burgmer	Bürgermeister
Franz Heinrich Krey	Bürgermeister und MdB
Holger Pfleger	Bürgermeister
Maria-Theresia Opladen	Bürgermeisterin
Klaus Orth	Bürgermeister
Lutz Urbach	Bürgermeister
Frank Stein	Bürgermeister
Otto Fell	Stadtdirektor
Dr. Hans-Joachim Franke	Stadtdirektor
Helmut Unrau	Ordnungsamt
Hans Pütz	Ordnungsamt
Ute Unrau	Ordnungsamt
Wolfgang Bosbach	Mitglied d. Bundestages (MdB)
Dr. Hermann-Josef Tebroke	Landrat und MdB
Dr. Rolf Hahn	Landrat
Norbert Mörs	Landrat
Rolf Menzel	Landrat
Stephan Santelmann	Landrat
Holger Müller	Mitglied d. Landtages (MdL)
Rainer Deppe	MdL
Martin Lucke	MdL
Helene Hammelrath	MdL

Kleine und große Veränderungen

In all den Jahren gab es immer wieder Baustellen, die mich – mehr als mir lieb war – bis an den Rand des Machbaren brachten. Der Umbau des Forum-Parks im Rahmen der Regionale 2010 war ein wahnsinniger Kraftakt für mich und alle Beteiligten der Stadtverwaltung.

Aber auch die gering erscheinenden Dinge wurden häufig zu größeren Herausforderungen. Ob es um die Wohnwagen ging, die immer mal wieder im Weg waren, oder eine Laterne zusätzlich irgendwo hingestellt wurde: Die kleinsten Veränderungen hatten meistens große Auswirkungen auf die gesamte Kirmes.

Die größte Auswirkung jedoch traf uns völlig aus heiterem Himmel. 2020 kam das Virus, das die Welt verändern sollte – und in ganz erheblichem Ausmaß auch unsere Kirmessen von jetzt auf gleich schachmatt setzte und um ihr Leben fürchten ließ.

Impressionen: Familie, Auszeichnungen und Promis

101.	Feuerwerk auf der Rathaustreppe zum 50. Geburtstag.
102.	Gratulation von Schausteller Michael Krause.
103.	Urkunde zur Verleihung der goldenen Ehrennadel der Stadt Bergisch Gladbach 2012.
104.	Urkunde zur Verleihung der goldenen Ehrennadel des Rheinisch-Bergischen-Kreises 1998.
105.	Verleihung Montanus-Plakette, Sylvia Zander, Lutz Urbach, Dr. Hermann-Josef Tebroke, Ute und B. U. (v.l.n.r.).
106, 107.	Feierstunde nach der Verleihung der Montanus-Plakette mit Musik von Jürgen Fritz und Frauke Harder.
108, 110.	Auszeichnung zum Ehrenschausteller im August 2015 mit gleich 3 Landräten, nämlich Dr. Hermann-Josef Tebroke, Norbert Mörs, B. U., Rolf Menzel und den Schaustellern Michael Barber und Rudi von der Gathen (v.l.n.r.).
109.	Urkunde zur Verleihung der Montanus Plakette zum Erhalt der Kirmes 2015.
111.	Verleihung Montanus-Plakette u. a. mit Schwester Birgid, Mutter Ilse und Franz-Heinrich Krey.
112 bis 122.	Hochzeit von Ute und B. U. am 11. 6. 2011 auf dem Autoscooter.
123.	Mit der Hochzeit kam auch mein Sonnenschein Rasputin dazu.
124, 126, 127.	Erholung auf der Insel und ein neues Auto.
125.	Eine kleine glückliche Familie B. U. mit Frau Ute und Sohn Patrick mit seiner Verlobten Imke.
128.	Im Kreise der Familie feiert Mutter Ilse ihren 90. Geburtstag.
129 bis 138.	Was für eine Feier zum 70. Geburtstag.
139.	Weihnachten 2022, B. U. mit Ute, Imke und Patrick.
140 bis 144.	B. U. im Gespräch mit der Bundeskanzlerin Angela Merkel im August 2017 auf der Bühne in Bergisch Gladbach.
145.	B. U. fährt auf der Kirmes 1999 mit Wolfgang Bosbach (MdB) und Angela Merkel auf dem Kettenkarussell (damals war sie noch Generalsekretärin der CDU Deutschland).
146.	Konzert im Schokoladenmuseum in Köln 2008, Jürgen Fritz, Klaus Lage und Wolf Simon (v.l.n.r.).
147.	B. U. mit Bundeskanzlerin Angela Merkel und NRW-Ministerpräsident Armin Laschet im August 2017 auf der Bühne in Bergisch Gladbach.
148.	B. U. mit NRW-Innenminister Herbert Reul bei der großen Infoveranstaltung zur Rettung der Schausteller im August 2020 in Bergisch Gladbach.
149.	B. U. mit Tommy Engel 2003.
150.	B. U. im Gespräch über die Schausteller mit Norbert Röttgen (MdB) und Dr. Hermann-Josef Tebroke (MdB) auf dem Hebborner Hof.
151.	B. U. mit seinen Schaustellerfreunden Rudolf und Günter Barth.
152.	B. U. mit der Tennislegende und ehemaligen Nummer eins der Doppel-Weltrangliste Thomas Smid.
153.	Fernsehinterview in der Belkaw-Arena 2017 mit Michael Kessler über Wolfgang Bosbach für die Fernsehsendung „Kessler ist".
154.	Ein gemütlicher Abend im Juli 2018 mit guten Freunden in der Taverne Mykonos in Hebborn mit B. U., Pascal Simitsakis, Irini Simitsakis, Angelos Charisteas, (Fußballeuropameister), Josif Protogerakis (v.l.n.r.).
155.	B. U. mit Tommy Engel und Hans Hachenberg 2006.

101

Für den
Ehrenschausteller
Burkhardt Unrau
▲ Aigner
◀ Nier
▼ Eberhardt
Mit den besten
Wünschen
der Familie
Schneider-Krause
Hans Eugen Schneider
◀ 1954-1969
Schneider-Krause
1967-1978 ▶

102

STADT BERGISCH GLADBACH

URKUNDE

Herr Burkhardt Detlef Unrau

hat sich um das Ansehen und Wohl
der Stadt außerordentlich verdient gemacht.

Als Zeichen der Anerkennung und des Dankes
verleihe ich ihm die

**Ehrennadel in Gold
der Stadt Bergisch Gladbach**

Bergisch Gladbach, den 9. März 2012

Lutz Urbach
Bürgermeister

103

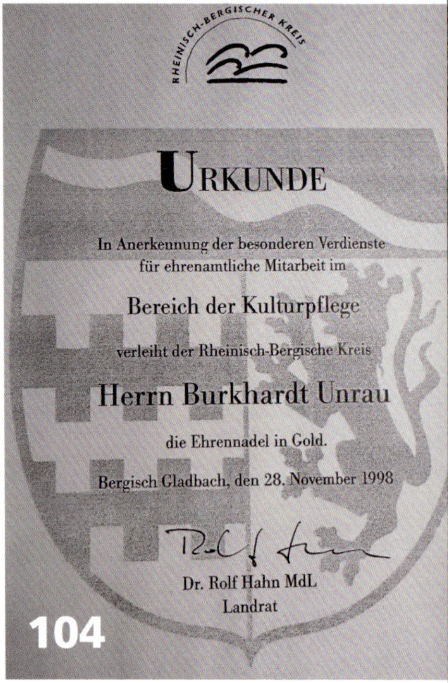

RHEINISCH-BERGISCHER KREIS

URKUNDE

In Anerkennung der besonderen Verdienste
für ehrenamtliche Mitarbeit im

Bereich der Kulturpflege

verleiht der Rheinisch-Bergische Kreis

Herrn Burkhardt Unrau

die Ehrennadel in Gold.

Bergisch Gladbach, den 28. November 1998

Dr. Rolf Hahn MdL
Landrat

104

105

106

107

108

Urkunde

Die Vereinigung zur Erhaltung und Pflege heimatlichen Brauchtums e.V. Bergisch Gladbach verleiht hiermit Herrn

Burkhardt Unrau

für seine langjährigen Verdienste um den Erhalt der Bergisch Gladbacher Kirmes die Montanus-Plakette 2015

gisch Gladbach, den 01.10.2015

rtin Gerstlauer

Gisbert Schweizer
Geschäftsführer

109

Arbeitsgemeinschaft der Schaustellerverbände NRW

Ehrenurkunde

Die Arbeitsgemeinschaft der Schaustellerverbände in Nordrheinwestfalen verleiht Herrn

Burkhardt Unrau

in großer Annerkennung seiner hervorragenden Verdienste zum Erhalt und Zukunftssicherung des imateriellen Kulturgutes der Kirmessen im Stadtgebiet Bergisch Gladbach und Förderung des Schaustellergewerbes den Ehrentitel

Ehrenschausteller

des Landes Nordrheinwestfalen

Essen 7. August 2015

Albert Ritter, 1. Vorsitzender

110

111

112

113

114

115

116

117

8

119

120

121

Euer Standesbeamter

und die Trauzeugen

122

123

124

125

126

127

128

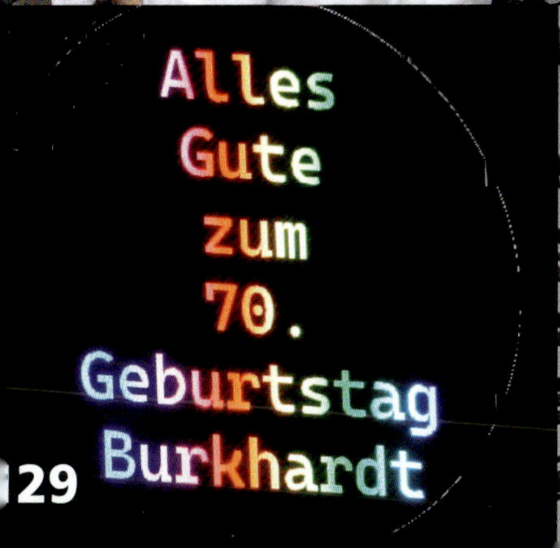

129

130

131

13

132

13

133

137

13

134

13

kel ging's rund
BERGISCHES LAND
Brand im Wald
Freie Fahrt für Kunden
Mit Angela Merkel ging's rund
Bio-Anlage kann Vertrag knacken
140

pen.
CDU
Für ein Deutschland,
in dem wir gut und ger
141

142

143

144

14

46

em wir gut und g
147

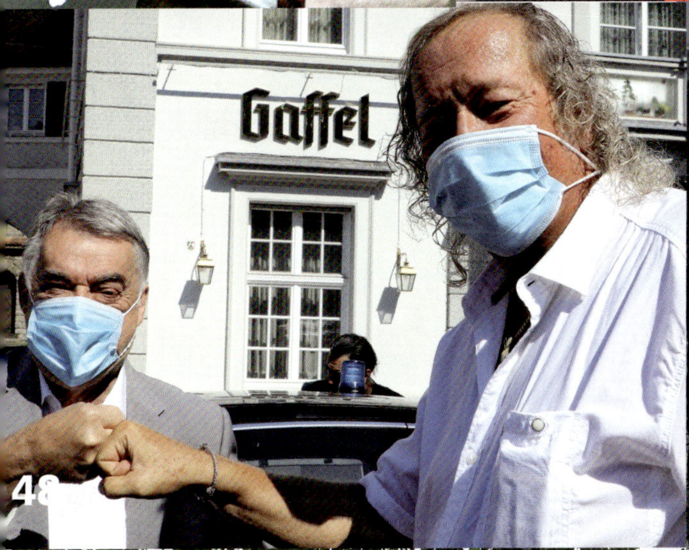
Gaffel
48

149

150

151

152

153

154

155

8
Corona

Die Welt und die Kirmes stehen still

Anfang 2020 wusste noch niemand, was da eigentlich passiert, und was das Coronavirus mit uns allen machen würde. Es war beängstigend, was da auf uns zukam.

Zur Jahreswende erreichten uns erste Bilder aus China. Ich sah Menschen in Raumfahreranzügen, die sich durch eine geisterhaft anmutende, abgeriegelte Stadt bewegten. Der Nachrichtensprecher berichtete vom Ausbruch einer neuartigen Virusinfektion in Wuhan, die die Atemwege befällt und hoch ansteckend sei. Die Menschen bekamen keine Luft mehr und starben. Das Virus wurde mit Covid-19 bezeichnet.

Aber Wuhan war weit weg und niemand konnte sich zu jenem Zeitpunkt auch nur annähernd vorstellen, dass dies der Anfang einer Pandemie war, die unser Leben grundlegend verändern sollte.

Schneller als ich und auch alle anderen es sich vorstellen konnten, war das Virus vom anderen Ende der Welt in Europa angekommen. Bilder aus Italien, welche die vielen Särge mit den an Corona – wie das Virus inzwischen genannt wurde – verstorbenen Menschen zeigten, erschütterten uns alle. Von dort aus erreichte es über Österreich auch Deutschland und uns hier in Bergisch Gladbach.

Da, wo das Virus auftauchte, wurde gehandelt, indem ein Zusammenkommen von Menschen möglichst verhindert wurde. So schloss zunächst ein Skigebiet nach dem anderen. Im März 2020 wurde die Wintersportsaison gänzlich beendet. Aber nicht nur das. Auch in Deutschland erhöhte sich die Zahl der Toten immer stärker und das öffentliche Leben erlahmte zusehends.

Der erste Lockdown dauert sieben Wochen

Am 22. März 2020 trat in Deutschland der erste Corona-Lockdown in Kraft. Geschäfte, Gastronomie, Friseure etc. mussten schließen, und Gottesdienste sowie Versammlungen und Veranstaltungen wurden abgesagt; auch Schulen und Kitas wurden geschlossen. Sport durfte nur noch alleine und in freier Natur betrieben werden.

Nur „systemrelevante" Geschäfte, wie etwa die Lebensmittelgeschäfte, durften öffnen und eine beschränkte Kundenzahl, die Masken tragen musste, jeweils zum Einkauf hineinlassen. Das Tragen von Masken wurde Pflicht, sowohl in Innenräumen als auch im Außenbereich. Diese Maßnahmen sollten dabei helfen, die Ausbreitung des Virus zu verlangsamen.

Dieser erste Lockdown endete mit ersten Lockerungen nach sieben Wochen. Es folgten aber zahlreiche weitere Einschränkungen, wie Kontaktverbote, Abstandsgebote (mindestens 1,5 Meter) zu anderen Personen – und eben die Maskenpflicht.

Schulen und Kitas blieben weiterhin geschlossen. Es gab noch zahlreiche, sich immer wieder ändernde Regelungen, da im Grunde niemand wirklich wusste, wie gegen dieses Virus vorgegangen werden kann.

Die Bundeskanzlerin Angela Merkel traf sich regelmäßig mit den Ministern, und Virologen und das Robert-Koch-Institut äußerte sich fast täglich über die Medien mit neuen Erkenntnissen. Die von uns allen zu beachtenden Regeln änderten sich immer wieder, oftmals wöchentlich. Es war eine Zeit der Angst und großen Unsicherheit.

Entspannung im Sommer – erneuter Lockdown im Winter

Im Sommer entspannte sich die Lage, und ab Mitte Juni durfte auch wieder in andere Länder gereist werden. Allerdings nur dann, wenn man sich vorher in einem der inzwischen zahlreich entstandenen Testzentren einem Test auf Covid-19 unterzogen hatte, und dieser negativ war. Maßgeblich war regelmäßig ein sogenannter PCR-Test, für den ca. 120,00 Euro an das Testzentrum zu zahlen waren.

Der Zeitraum von Januar 2020 bis Mitte Juni 2020 wurde als erste Corona-Welle bezeichnet.

Der Sommer konnte von uns allen einigermaßen unbeschwert genossen werden. Es blieben zwar Maskenpflichten, Testpflichten und Abstandspflichten, aber Reisen, Gastronomiebesuche und auch Sport mit anderen waren mit Auflagen möglich.

Doch dann kam der nächste Winter und mit ihm die nächste Corona-Welle. Im Herbst stiegen die Corona-Zahlen erneut rapide an, und Anfang November kam ein Lockdown Light mit Kontaktbeschränkungen.

Da dies jedoch nicht zu einer Verringerung der Infektionszahlen führte, folgte dann Mitte Dezember 2020 der nächste harte Lockdown, in dem wiederum alles bis auf die systemrelevanten Bereiche schließen musste.

Aber das Schlimmste waren wohl für viele Familien die für das Weihnachtsfest geltenden Einschränkungen. Hier waren Treffen nur im engsten Familienkreis mit vier über den eigenen Hausstand hinausgehenden Personen erlaubt. An Silvester galt ein Versammlungs- und ein Feuerwerksverbot.

Dieser zweite Lockdown sollte zunächst einen Monat gelten, wurde jedoch immer wieder mit sich auch immer wieder ändernden einzelnen Regelungen letztlich bis Mai 2021 verlängert.

Impfstoffe, Reisen und Homeoffice

Parallel hierzu wurden Impfstoffe entwickelt, und die Impfungen gegen Corona liefen an. Die älteren Personengruppen, zu denen ich ja auch zählte, wurden vorrangig berücksichtigt.

Nach der ersten Impfung freuten wir uns und fühlten uns gegen das Coronavirus gewappnet. Doch weit gefehlt, es musste eine zweite Impfung folgen, die letztlich dann auch nicht ausreichte, es folgte eine dritte Auffrischungsimpfung bis hin zur 4. oder auch 5. Impfung.

Der Vorteil der Impfung war neben der Wirkung nicht oder weniger schlimm zu erkranken, dass Geimpften ohne vorherigen Test der Zugang zu Gastronomie, Friseur etc. wieder möglich war. Auch das Reisen in andere Länder wurde wieder erleichtert.

Somit konnte der Sommer 2021 wiederum relativ unbeschwert genossen werden. Allerdings blieben Veranstaltungen nach wie vor verboten. Im folgenden Winter gab es dann auch nur noch kleinere Einschränkungen. Die durchgeführten Impfungen und eine neue Virusvariante sorgten für mildere Verläufe der Erkrankung.

Corona hat unser aller Leben massiv beeinflusst und auch anhaltende Änderungen mit sich gebracht. Ich denke da vor allem auch an das Homeoffice. Das verpflichtende Angebot hierzu hat dazu geführt, dass es viel stärker in Anspruch genommen wurde und auch jetzt noch deutlich mehr Arbeitnehmer ihre Tätigkeit im Homeoffice ausüben als zuvor.

Hilferuf an die Welt

Ich hätte damals nicht für möglich gehalten, dass durch Corona Karneval oder die Kirmes ausfallen könnten. Und doch war es so. Pfingsten 2020 fiel die Kirmes aus, das hatte ich noch nie in meinem ganzen Leben erlebt. Und von Erzählungen der Schausteller wusste ich, dass sogar in Kriegszeiten Kirmessen abgehalten wurden.

Schon am 20. April 2020 hatte ich einen Brief an Bürgermeister Lutz Urbach geschrieben, mit der Bitte um Hilfe. Aber was sollte er tun? Wir waren alle auf die Bundes- und Landespolitik angewiesen und mussten uns deren Vorgaben beugen.

Ich konnte nicht schweigen, das war halt nie mein Ding. Also setzte ich mich hin und schrieb einen offenen Brief an alle, um meine Schausteller zu retten. Ich war fest davon überzeugt, dass dies die einzige Möglichkeit war, die Kirmeskultur und dieses Brauchtum zu retten! Denn ohne Schausteller keine Kirmes und somit auch keine Freude mehr.

27. Juli 2020

Hilferuf zur Rettung aller Schausteller!

Mein Name ist Burkhardt Unrau aus Bergisch Gladbach und das soll ein Hilferuf sein an alle Politikerinnen und Politiker, aber auch an unsere Bundeskanzlerin Angela Merkel, die ich zweimal persönlich getroffen habe, einmal sogar auf unserer Kirmes in Bergisch Gladbach, wir sind zusammen mit Wolfgang Bosbach Kettenkarussell gefahren. Aber auch an alle anderen Menschen da draußen, damit die Kirmessen und Volksfeste in unserem Land nicht kaputtgehen. Denn die Kirmessen sind Kulturgut und ich rede nicht von Volksfesten in der Form wie am Ballermann auf Mallorca oder Besäufnissen in der Düsseldorfer oder Kölner Altstadt oder sonstigem in der Art.

Nein, Kirmes ist für mich etwas ganz anderes. Kirmes ist etwas, das hat mit leuchtenden Kinderaugen zu tun, aber auch mit leuchtenden Seniorenaugen. Die kleinen Kinder freuen sich, wenn sie Karussell fahren können, sie einen roten Apfel essen können oder Zuckerwatte und die älteren Menschen fahren noch mal Riesenrad, auch wenn es im Rollstuhl ist. Da gibt es viele Geschichten, die ich in meiner Zeit, die ich mich um die Kirmes kümmere, erlebt habe. Das heißt, die Verbindung zu alten und jungen, aber auch zu deutschen und ausländischen Mitbürgerinnen und Mitbürgern, behinderten und nicht behinderten Menschen, und nicht einmal eine Frauenquote brauchen wir! Wir haben eine familienfreundliche Kirmes für alle Menschen in unserer Stadt und schön ist, dass wir alle gemeinsam Kirmes feiern können! Und das alles dank der Schausteller, die das überhaupt erst möglich machen!

Ich kümmere mich und organisiere die Kirmes gemeinsam mit der Stadtverwaltung nun schon seit 40 Jahren in Bergisch Gladbach und das alles völlig uneigennützig und ehrenamtlich! Kirmes gibt es bei uns im Übrigen schon seit 178 Jahren.

Wir haben sogar zweimal Kirmes in Bergisch Gladbach, nämlich die Pfingstkirmes und die Laurentiuskirmes, übrigens zurückzuführen auf das Kirchweihfest von St. Laurentius.

Ja, das ist alles sehr traurig, was da jetzt passiert ist, denn bis zu Corona kamen die Schausteller in unsere Stadt, um uns Freude zu bereiten. Freude, wie gesagt, den Kindern, den Jugendlichen, den älteren Menschen. Ich habe mich immer gefreut, wenn mehrere Generationen gleichzeitig über den Kirmesplatz gegangen sind. Das war einfach nur toll.

Wir haben einen mittelgroßen Kirmesplatz, da stehen auch die neuesten Attraktionen, da steht aber auch das Kinderkarussell, das Riesenrad, der Autoscooter, der

Musikexpress und so weiter. Wir haben aber auch tolle Sachen für Jugendliche, die über Kopf gehen. Also von daher ist eigentlich für jeden was dabei.

Bei der Geschichte der Kirmes handelt es sich um ein 1200 Jahre altes Kulturgut, das darf man nicht vergessen. Ca. 5000 Schaustellerfamilien sind daran beteiligt und Schausteller ist kein Lehrberuf. Schausteller kann man nicht werden durch Beruf, sondern das ist man durch Berufung. Das heißt von Geburt an. Mit der Geburt wird man gleichzeitig Schausteller. Darum ist es so schlimm, wenn jetzt in der Corona-Zeit Schausteller wirklich kaputtgehen, aufgeben müssen und somit von der Bildfläche verschwinden, weil sie es nicht mehr tragen und nicht mehr schaffen können. Diese Schausteller kann man nicht ersetzen, denn man kann morgen nicht neue Schausteller rekonstruieren oder wieder einsetzen, das ist nicht machbar und sie wären unwiederbringlich verloren!

Das heißt, den Schaustellern kann man eigentlich nur helfen mit einem Rettungsschirm und schauen, wenn dann die Lage sich wieder entspannt, dass dann die Kirmes in der alten Form so schnell wie möglich wieder in die Städte zurückkommt.

Ja, vielleicht kann man ein wenig reduzieren. Es muss nicht das Münchner Oktoberfest sein, wo Millionen Menschen jedes Jahr hin gekarrt werden, um einfach nur zu feiern. Ich glaube, dass auch der Kirmesplatz davon nicht so viel hat, wie man denkt. Denn Kirmes ist wie gesagt nicht nur Oktoberfest oder Cannstadter Wasen oder Cranger Kirmes oder Düsseldorfer Rheinwiese, die Annakirmes oder Pützchens Markt. Nein, es sind auch die vielen vielen kleinen Kirmessen in der ganzen Republik. Wie gesagt, Bergisch Gladbach rechne ich mal zur mittleren Größe. Aber es gibt auch viele kleine Kirchturmkirmessen, wo nur ein Autoscooter, ein Kinderkarussell, eine Schießbude, ein Madelwagen, ein Imbiss und ein Ausschank stehen, das war's dann schon. Gerade auch diese kleinen und mittleren Kirmessen sind es, die den Menschen Freude machen. Die Schausteller kommen zu uns in die Stadt und wir freuen uns darauf. Und wenn sie wieder fahren, verabschieden sie sich meistens von uns mit einem Feuerwerk, damit wir sie nicht vergessen. Und dann kommen sie turnusgemäß und pünktlich zu dem jeweiligen Termin wieder zurück. Das ist eine sehr sehr schöne Tradition, eine sehr sehr lange Tradition und wie gesagt, in Bergisch Gladbach gibt's das schon 178 Jahre.

Warum betone ich das so? Ich habe vor einigen Jahren die Ehrenschaustellerurkunde durch die Arge NRW verliehen bekommen, unterschrieben von Albert Ritter, dem Vorsitzenden des Deutschen Schaustellerbundes! Darauf war und bin ich übrigens sehr stolz! Auch die Stadt Bergisch Gladbach hat mir für meine ehrenamtliche Tätigkeit die silberne und die goldene Ehrennadel verliehen, der Rheinisch-Bergische Kreis ebenfalls die goldene Ehrennadel und der Verein zur Erhaltung und Pflege des heimatlichen Brauchtums, die Montanusplakette! Für all das bin ich sehr dankbar!

Was ist die Geschichte bei mir? Ich bin am 10. August an einem Kirmessonntag in Bergisch Gladbach geboren, also zu St. Laurentius, und mein Vater war damals Platzmeister für die Stadt Bergisch Gladbach im Ordnungsamt und hat diese Kirmes organisiert. Das hat dieser Mann 40 Jahre lang gemacht und dann ging er in den Ruhestand. Anschließend habe ich das Ganze ehrenamtlich übernommen und bis zum heutigen Tage weitergeführt. Ich mache das jetzt genau in diesem Jahr auch schon 40 Jahre. Das sind 80 Jahre insgesamt Familie Unrau. Aber ich setze da noch einen drauf. Im Jahr 2000 habe ich meine jetzige Frau kennengelernt durch die Kirmes. Warum? Sie kam ins Ordnungsamt und hat diesen Posten besetzt, den damals mein Vater innehatte. Also war sie zuständig für die Kirmes, und das auch noch als Frau. Damals gab es noch keine Quotenfrauen und es hat riesengroßen Spaß gemacht, mit dieser Frau zusammenzuarbeiten, denn sie hat die Nöte der Schausteller, die Sorgen der Schausteller und den Spaß an der Kirmes sehr, sehr schnell verstanden. Ich muss dazu sagen, das sind dann schon 100 Jahre Unrau-Kirmes für Bergisch Gladbach, 40 Jahre mein Vater, ich selber 40 Jahre und 20 Jahre meine Frau.

Das kann man noch toppen! Denn am 11. Juni zur Pfingstkirmes 2011 haben wir beide dann auf dem Autoscooter der Familie Günter Barth in Bergisch Gladbach vor der Eröffnung der Kirmes geheiratet und den Bund fürs Leben geschlossen. Mehr Zugehörigkeit zur Schaustellerei und zur Kirmes geht eigentlich nicht.

Aber das ist immer noch lange nicht alles. Ich kann mich gut erinnern an die Anfangsjahre meines Tuns und Schaffens. Es war immer schwierig, die Kirmes in der Stadt zu halten. So kamen Politiker auf die Idee, die Kirmes auf eine Wiese vor der Stadt zu verlegen. Da gingen die meisten Kirmessen kaputt. Denn das Leben und Treiben in einer Stadt, in einer Innenstadt ist etwas ganz, ganz anderes. Also musste man sich dafür einsetzen. Dann kam die Zeit Anfang der 90er-Jahre, wo sehr viele Kirmessen privatisiert werden sollten. Da wollten Schausteller, die schlau waren, den Städten die Arbeit und somit auch die Verantwortung abnehmen und boten an, sich gegen Zahlung entsprechenden Standgeldes um alles zu kümmern und die Plätze selber zu organisieren, um sich dann das Geld von den Schaustellern zurückzuholen, wodurch natürlich für den einzelnen Schausteller alles viel teurer wurde! Diese Privatisierung habe ich in Bergisch Gladbach verhindert!

In vielen Städten wurde sehr schnell realisiert, dass das unter anderem ein viel teurerer Faktor war, als man angenommen hatte.

Wichtig ist, dass die Veranstalter immer die Stadtverwaltungen sein sollten, denn sie haben die Verantwortung, sie können es kontrollieren, sie können und müssen kostendeckend arbeiten, aber sie müssen nicht die riesigen Gewinne machen.

Wir haben dann sogar den Schaustellerverein Bergisch Gladbach e.V. gegründet, haben die Öffentlichkeitsarbeit übernommen, haben alles das getan, was wir konnten, um es attraktiv zu machen, zu unterstützen, Werbung dafür zu machen, Feuerwerksgeld zu generieren und der Stadt zu helfen, damit sie möglichst wenig Arbeit hatte, aber immer und wirklich immer die Kontrolle behielt. Das waren harte Jahre. Denn da wurde eine Innenstadt saniert, es wurden Parkplätze weggenommen oder durch Parkanlagen ersetzt, Parkanlagen neu gestaltet und so verschwanden plötzlich Wohnwagenplätze. Es war also immer ein großer Kampf, sich dafür einzusetzen, dass die Kirmes in der Innenstadt bleiben konnte, mit den Wohnwagen nahe bei den Geschäften und dass alle die Möglichkeiten ausgeschöpft wurden, die Kirmes trotzdem so fortzuführen, wie sie vorher war, nicht größer, aber bitte auch nicht kleiner! Das mache ich bis zum heutigen Tage und das sehr erfolgreich.

Wir haben wirklich viele Veränderungen erlebt. Wir bekamen in der Innenstadt plötzlich anstelle einer befahrbaren Hauptstraße eine Fußgängerzone. Wir haben in der kompletten Innenstadt einen unterirdischen Hochwasserschutz gebaut, Parkanlagen neu angelegt bzw.

umgebaut. Wir haben viele, viele Baustellen gehabt und trotzdem haben wir es in der Gemeinschaft Schausteller, Stadt und meiner Wenigkeit geschafft, das in irgendeiner Form hinzubekommen. Das hat sehr viel Kopfzerbrechen gebracht, aber war immer zielführend und bis zum heutigen Tage haben wir eine sehr, sehr erfolgreiche Kirmes zweimal im Jahr in unserer Stadt.

Und dann kam Corona. Ja, dass das so ein Riesending würde, damit hat wohl keiner gerechnet. Das haben wir noch nie erlebt, es gibt keine Blaupause, sagen viele. Das hat es einfach noch nicht gegeben, und das ist eine völlig neue Situation. Ja, auch das habe ich verstanden. Auch da habe ich gesagt, wir sollten kein Risiko eingehen. Wir sollten möglichst alle zu Hause bleiben, wir sollten Abstand halten, Mund-Nasen-Masken tragen, alles gut. Aber dass dadurch eventuell das Kulturgut Kirmes und Volksfest verschwindet, war mir zu diesem Zeitpunkt auch nicht klar. Was mir aber klar war, dass den Schaustellern geholfen werden musste. Daher habe ich bereits am 20.4. einen Hilferuf an unseren Bürgermeister in der Stadt Bergisch Gladbach abgesetzt, habe einen Brief geschrieben und habe ihm all das erklärt, wovon ich gerade gesprochen habe, nämlich von dem Kulturgut und von dem Volksfest, von der Kirmes und all diesen Dingen. Dass Schausteller nur eine bestimmte Zeit im Jahr Geld verdienen, dass sie eine lange Winterpause haben, dass dadurch eine Katastrophe entsteht, wenn alle Kirmessen und Volksfeste abgesagt werden!

Ich habe damals schon gesagt, nur ein Rettungsschirm, nur Geld kann den Schaustellern helfen, diese Zeit zu überbrücken. Und erst wenn diese Zeit vorbei ist, müssen wir wieder Kirmes machen können, weil dann alle Schausteller überlebt hätten. Ja, unser Bürgermeister war da sehr einverstanden und ich muss sagen, in all den Jahren, von denen ich anfangs gesprochen habe, haben alle Bürgermeister und Bürgermeisterinnen in unserer Stadt der Kirmes geholfen und den Schaustellern geholfen. Wir haben eine sehr kirmesfreundliche Verwaltung und eine sehr kirmesfreundliche Politik! Mein Freund Wolfgang Bosbach hat sehr viele Kirmeseröffnungen selber vorgenommen oder war bei fast allen Eröffnungen persönlich anwesend. Und das ist auch nicht selbstverständlich, weil WoBo sehr lange in Bonn und in Berlin im Bundestag und ein sehr gefragter Politiker in ganz Deutschland war. Aber wenn Kirmes war, war auch er in Bergisch Gladbach.

Ja, Corona, ja, wie gesagt, ich glaube, das Ausmaß konnte keiner sehen, aber ich sage, es gab damals am 20.4. schon Menschen wie unseren Bürgermeister Lutz Urbach. Er hat unser Anliegen mit in den Krisenstab genommen, dort wurde besprochen, was man tun kann, wie kann man helfen. Ja, es ist nicht die Aufgabe der Stadt, es ist die Aufgabe des Landes und des Bundes, da Gelder zu generieren, aber wir haben trotzdem spontan entschieden, und da bin ich unserem Bürgermeister Lutz Urbach sehr dankbar. Für nächstes Jahr 2021 wurden alle Ver-

träge aufrecht erhalten von beiden Kirmesveranstaltungen, die in 2020 abgesagt wurden und es kommt noch ein Bonbon obendrauf, beide Kirmesveranstaltungen ohne Standgebühren für die Schausteller! Das ist wirklich ein ganz feiner Zug, muss ich ganz ehrlich sagen. Das war einstimmig und eindeutig und das hilft für die Zukunft. Daran sollten sich viele andere ein Beispiel nehmen, die in höheren politischen Ämtern tätig sind. Denn erfahren haben sie es alle.

Gesprochen wurde und wird immer noch sehr viel, passiert ist leider relativ wenig, bis zu der Tatsache, dass dann letztendlich alle Kollegen oder fast alle losfahren wollten nach Berlin und das auch taten! Die meisten sind leider bei dem Umzug nicht zum Zuge gekommen, weil es so viele waren. Es war eine beeindruckende Veranstaltung in Berlin, an der sich die Schausteller präsentiert haben, wirklich toll präsentiert haben, und ich muss sagen, hier ein besonderes Lob an den DSB, ganz besonders an Albert Ritter, der hat sich toll gekümmert, die Menschen dort in der Führung haben sich toll gekümmert. Allein es hat nichts genützt, glaube ich heute.

Wir haben heute den 27. Juli und ich höre nichts, keine Ergebnisse, die den Schaustellern wirklich helfen. Stattdessen gibt es überall Pop-Up-Kirmessen, und jetzt kommen wir eigentlich zu dem Thema, wo ich sage, im Moment, liebe Schaustellerinnen und Schausteller, schafft Ihr euch leider selber ab. Ja, es gibt in Düsseldorf in der Messe, in Dortmund, auf dem Anna-Kirmes Platz, in Eschweiler, auf vielen vielen anderen Plätzen, in Bielefeld, ich weiß nicht wo noch, in Bonn, in Euskirchen parkähnliche Kirmessen. Überall versuchen Schausteller etwas aufzuziehen und versuchen, irgendwelche Kirmesgelände zu erstellen, wo ich sage, das hilft eigentlich keinem. Warum? Diese Gelände sind eingezäunt, man muss sich vorher anmelden, man muss sich im Internet quasi Eintrittskarten besorgen, man kann dahin gehen, man muss es nicht, man tut es auch nicht. Die Ergebnisse sind eindeutig, diese Kirmesveranstaltungen, die ja eigentlich keine Kirmesveranstaltungen sind, sind eine Notlösung, damit bin ich einverstanden, genauso wie viele kleinere Geschäfte, Mandelbuden, Crêpebuden in den Innenstädten irgendwo aufgestellt wurden, damit diese Menschen irgendwie überleben können. Ja, das kann ich sehr, sehr gut nachvollziehen, aber das hilft eigentlich nicht und ist nicht zielführend.

Zielführend ist, dass alle überleben in Form eines Rettungsschirms und dass alle gemeinsam diese Tradition der Kirmes und dieses Kulturguts Volksfest wieder genauso aufnehmen können, wie es vorher war, vielleicht mit einigen Abstrichen. Ja, da habe ich nichts dagegen. Vielleicht da, wo große Festzelte zum Saufen animieren, okay, die streichen wir weg. Aber noch einmal, für mich ist das sowieso keine Kirmes. Und das ist für mich eigentlich das Entscheidende. Das hätte passieren müssen. Eine Zusage der Politiker von ganz oben und die Sicherheit für die Schausteller, ja, ihr müsst jetzt ein Jahr oder auch zwei aussetzen, aber wir werden euch das Geld geben, damit ihr nicht verhungert, dass ihr überleben könnt und dann starten wir neu, falls wir dann irgendwie dazu in der Lage sind, das machen zu können.

Und wenn ich dann sehe, dass in den Innenstädten die Fußgängerzonen voll von Menschen sind, dass man im Flugzeug direkt nebeneinander sitzen kann, dass man auch jetzt schon wieder in Kinos und Theatern und in geschlossenen Räumen mit mehr Menschen sitzen und Konzerte hören kann, dann muss ich sagen, dann verstehe ich die Welt nicht mehr.

Draußen soll es doch angeblich nicht so gefährlich sein. Draußen? Kirmes ist wo, draußen. Ja, und gerne auch mit Mundschutz. Dagegen hat, glaube, ich keiner was. Man zieht sich die Maske an und kann trotzdem eine Stunde oder zwei über die Kirmes gehen, Karussell fahren und kann den Spaß und die Freude, den die Schausteller in die Städte bringen, genießen. Wie gesagt, ich habe hier nicht alles aufgezählt, wo jetzt wieder etwas möglich ist, aber das ist für mich einfach ein Unding, dass nur die Kirmessen nicht stattfinden dürfen!

Jetzt wieder zu dem Thema, warum passiert denn nichts. Ich weiß es wirklich nicht. Hätte es sein müssen, dass alle Schausteller aufstehen, so wie einige Kollegen sich wirklich erbost geäußert haben, auch im Netz, die gesagt haben, ich fahr da jetzt hin, meine Kinder, die haben nichts mehr zu essen, die Zukunft meiner Kinder ist mir wichtiger, ich werde jetzt randalieren, ich werd' jetzt lautstark, ich werd' jetzt böse. Muss das denn wirklich so weit kommen? Bitte nein! Aber alles andere waren bisher Verhandlungen an einem runden oder eckigen Tisch, keine Ahnung, die nichts bringen. Ich höre jedenfalls nichts davon, dass irgendwelche Hilfsangebote wirklich so sinnvoll rausgekommen sind, dass man davon was hat. Ich höre aber sehr oft, ja, es gibt doch jetzt die Pop-up-Kirmes. Wenn das dann die Zukunft sein sollte, liebe Schaustellerinnen und Schausteller, das wisst ihr besser als ich, davon könnt ihr nicht leben. Davon könnt ihr keine Zukunft aufrecht erhalten. Aber alle Politiker und Entscheidungsträger denken, dass euch damit geholfen ist, denn es findet ja Kirmes statt!? Genau dieses Denken ist fatal und bringt euch keinen Schritt weiter.

Und dann möchte ich gern noch etwas zitieren von einem jungen Schausteller, der mir eine WhatsApp geschrieben hat:

„Hallo Burkhard,
Ich habe grade die Post des Schaustellervereins gelesen.

Als erstes finde ich es sehr gut, dass alle Beschicker die für dieses Jahr einen Vertrag haben, auf nächstes

Jahr übertragen wird. Das finde ich nicht nur gut, sondern Weltklasse!

Und zum zweiten weiß ich gar nicht genau was ich dazu sagen soll, was das Standgeld angeht. Eigentlich bin ich sprachlos und möchte euch von ganzem Herzen danken für euer Engagement und Herzblut, das ihr in die Kirmes investiert. Auch ein Riesendankeschön an den Bürgermeister und allen die im Krisenstab abgestimmt haben. Es ist eine sehr schwere Zeit für uns alle, besonders für mich als junger Schausteller. Ich liebe die Kirmes und liebe unser Karussell und mir blutet das Herz, wenn ich die Transporte in der Halle anschaue, denn normalerweise würde das jetzt anders sein. Ihr gebt mir noch eine Perspektive für meine Zukunft. Ich bin Schausteller mit Herz und Seele und möchte es noch lange bleiben.

Danke"

Das war ein wirklicher Hilferuf eines Schaustellerjungen Anfang 20, der mich sehr tief beeindruckt hat. Und das sollte es eigentlich sein. Darum geht es mir bei diesem Hilferuf nach draußen an alle Politikerinnen und Politiker, aber auch an alle anderen Menschen, die gerne zur Kirmes gehen, die in ihren Familien von Kirmessen erzählen, die sich dort kennengelernt haben, die dort Hochzeiten feiern, die einfach Spaß haben, wenn in ihrer Stadt die Kirmes ist, weil man sich trifft auf ein Schwätzchen, auf eine Zuckerwatte, wie gesagt, oder auch mal Karussell fährt, die Alten oder die Jungen, die das Karussellfahren gerade erst erlernen. Das ist eigentlich mein Anliegen und das ist mir wichtig, und da müssen wir was tun, und wir brauchen wirklich alle und jeden, und was immer dafür nötig ist, muss halt gemacht werden.

Und ich stehe dafür gerne jederzeit zur Verfügung, denn das war mein Leben, das ist mein Leben und das wird mein Leben sein. 40 Jahre sind es jetzt als Jubiläum, bei mir, aber eigentlich, ich werde jetzt 68, sind es 68 Jahre, nämlich von Geburt an.

Ich weiß nicht, ich werde mein Jubiläum alleine feiern mit meiner Frau. Wir werden uns auf den Konrad-Adenauer-Platz in Bergisch Gladbach stellen am Kirmessamstag zu St. Laurentius und werden da stehen, werden eine Träne vergießen, werden uns in den Arm nehmen und werden sagen, es war eine schöne Zeit. Werden innehalten, werden die Glocken läuten hören um 12.00 Uhr, wenn nämlich normalerweise die Eröffnung wäre am Kirmessamstag, den 8.8., und dann kommt die große Hoffnung, dass wir das baldmöglichst wieder erleben dürfen. Dafür würden wir gerne alles tun. Aber wir rufen auch alle in Deutschland auf, in den Verwaltungen, in den Städten, auch in den Vereinen, die solche Veranstaltungen organi-

sieren, alle Veranstalter, bitte lasst das Kulturgut Kirmes nicht kaputt gehen. Das wäre sehr, sehr schade. Wenn es einmal kaputt ist, kommt es nie mehr zurück. Und Kirmes hat schon oft geholfen, selbst in Kriegsjahren, nach den Kriegen. Immer wieder entscheidend: Schausteller bringen Freude in die Stadt. Und so muss und so sollte es auf jeden Fall bleiben und weitergehen.

Was man dafür tun kann, viel darüber reden, aber auch etwas Sinnvolles tun! Vernünftige Menschen können sicher ganz viel dafür tun! Pop-up-Kirmessen oder mal ein Riesenrad in einer Stadt ganz alleine oder auch die Kirmesorgel, die vor Altenheimen spielt, das ist eine tolle Sache gewesen, aber das kann nicht unsere Zukunft sein. Das muss einem jeden klar sein und ich glaube einfach, dass viele Menschen, gerade auch in der Politik nicht darüber nachdenken, wie konsequent die ganze Geschichte ist.

Liebe Schausteller, der Anfang wurde schon mit der tollen Aktion in Berlin gemacht, aber hier darf nicht nachgelassen werden, sondern hier muss man weitermachen, damit wirklich auch dem letzten in Bund und insbesondere den jeweiligen Ländern die besondere Brisanz der Situation klar wird. Deshalb fahrt in Eure Landeshauptstädte und zwar so, dass man Euch alle sieht und hört, sprecht mit den jeweiligen Entscheidungsträgern und macht Eure Situation und den drohenden Verlust eines wertvollen Kulturgutes deutlich.

Das wär's jetzt von meiner Seite. Mir stockt auch ein bisschen der Atem, ich hab jetzt Tränen in den Augen. Wie gesagt, wenn Ihr Hilfe braucht, Ihr habt meine Unterstützung, und zwar bundesweit.

Vielen Dank für Eure Aufmerksamkeit! Bleibt alle gesund und bis hoffentlich bald auf der Kirmes!

Viele Grüße
Burkhardt Unrau

Als ich mit diesem Brief fertig war, war ich etwas erleichtert, aber besser ging es mir nicht. Erst als die überwältigenden positiven Reaktionen auf mich regelrecht einprasselten, hatte ich wieder Hoffnung auf ein gutes Ende.

Guerilla-Karussell sorgt für Aufregung

Ich setzte mich hin und grübelte weiter, was ich noch tun könnte. Und schon hatte ich die Idee, über Nacht einfach das Kinderkarussell aufzubauen, und zwar während des Wochenmarktes. Ob das verboten war? Ich hatte keine Ahnung, und es war mir auch egal. Gesagt getan. Die Familie Timm stimmte mir gerne und dankend zu, nachdem ich alle Konsequenzen auf mich nehmen wollte.

Doch das war mir noch zu wenig und so rief ich meinen Freund, den Landtagsabgeordneten Rainer Deppe an und fragte ihn, ob er mir nicht unseren Innenminister Herbert Reul zu einer Infoveranstaltung nach Bergisch Gladbach schicken könnte. Nach wenigen Stunden hatte ich die Zusage von Herbert Reul und ich konnte die Infoveranstaltung planen.

Ich war natürlich dabei, als Mario und Dirk Timm in der Nacht von Dienstag auf Mittwoch, also dem Tag des Wochenmarktes, das Kinderkarussell der Familie Timm aufbauten. Um sieben Uhr war alles fertig. Mit Beginn des Wochenmarktes konnten die Kinder sogar damit fahren, denn ich hatte eine Sondernutzungserlaubnis der Stadt!

Ich hatte alle Medien informiert, die sich diese kleine Sensation nicht entgehen ließen. Die Berichterstattung war einfach nur gigantisch! Chefredakteur Guido Wagner von Kölner Stadt-Anzeiger und Bergische Landeszeitung schrieb: „Guerilla-Karussell sorgt für Aufsehen."

Herbert Reul statt Laurentiuskirmes

Da war es wieder, mein Talent zur Organisation von möglichen, aber eben auch scheinbar unmöglichen Aktionen. Ich musste unweigerlich an die Nacht- und Nebelaktion mit der Bepflanzung des Kirmeskreisels denken!

Und ja, ich nutzte wieder meine Kontakte und mein schier unerschöpfliches Netzwerk, um etwas einfach so aus dem Boden zu stampfen. Eine Infoveranstaltung am Samstag, dem 8. August 2020, also genau an dem Tag, an dem eigentlich die Laurentiuskirmes eröffnet werden sollte, die aber ja ausfallen musste wegen Corona!

Die Familie Timm baute das Karussell auf, Manfred Sistig von Bühnemobil stellte mir die Bühne hin, Dirk Schlagheck machte mit seiner Beschallungsanlage den Ton, Josef Müller kümmerte sich um die Getränke, Horst Steinfeldt von Inline erstellte Planen und Schilder, von Norbert Pfennings vom Bergischen Löwen bekam ich ein Rednerpult, Oliver Schillings und Marion Linnenbrink halfen mir bei der Presse- und Medienarbeit und letztendlich Freddy Schlaghecken stellte uns einen Platz auf dem Wochenmarkt zur Verfügung und sorgte für den Strom! Und das alles, ohne einen Cent dafür zu bekommen!

So kam der Samstag, und mit dabei waren Innenminister Herbert Reul, Landtagsabgeordneter Rainer Deppe, Bundestagsabgeordneter Hermann-Josef Tebroke, Landrat Stephan Santelmann, Bürgermeister Lutz Urbach, Wolfgang Bosbach und auch der Präsident des Deutschen Schaustellerbundes, Albert Ritter. Ich hielt eine sehr emotionale Rede zur Rettung der Schausteller und Albert Ritter trug die Fakten und Auswirkungen des Berufsverbotes in beeindruckender

Weise der versammelten Politik vor. Herbert Reul war wirklich überrascht über das, was er dort erfuhr, und versprach, alles mit nach Düsseldorf zu nehmen und sich für uns einzusetzen.

Ich bat dann noch Hermann-Josef Tebroke, meinen offenen Brief mit nach Berlin zu nehmen und ihn Angela Merkel persönlich zu übergeben, was er sehr gerne tat.

Es war eine sehr bewegende Veranstaltung, die dank der Medien und der örtlichen Pressevertreter wirklich ihre Wirkung zeigte. Schon kurz nach der Veranstaltung erhielt ich einen Anruf der dpa (Deutsche Presse Agentur), der ich ebenfalls ein ausgiebiges Interview geben durfte.

Die Berichterstattung hat dann meine kühnsten Träume bei Weitem übertroffen, denn am nächsten Tag erschienen Berichte nicht nur deutschlandweit, sondern in fast allen europäischen Ländern. Auch im Fernsehen, bei Welt TV, wurde über uns berichtet.

Am meisten staunte ich jedoch über die BILD. In BILD Online erhielten wir einen Platz neben Nachrichten über Donald Trump, den Saudischen Kronprinz Mohammed bin Salman und Markus Söder.

Wenige Tage später bekam ich eine Nachricht aus dem Bundeskanzleramt von Helge Braun. Das hatte ich Dr. Hermann-Josef Tebroke zu verdanken. Die Politik, aber auch alle anderen Menschen, hatten verstanden, dass den Schaustellern geholfen werden musste, da sonst etwas Besonderes verloren ginge. Von da an wurden die Schausteller immer und überall mit in Lösungs- und Rettungsvorschläge einbezogen.

Winterschlaf und Erwachen

So ging das Jahr schmerzvoll zu Ende, doch es wurde nicht besser, sondern schlimmer, denn ab Dezember ging mit dem erneuten Lockdown nichts mehr.

Auch ich zog mich zurück und fiel in einen regelrechten Winterschlaf. Der hielt aber nicht lange an, denn Anfang Februar erwachte ich aus meiner Starre und schüttelte mich kräftig. Ich wollte und musste etwas loswerden, denn die Aussichten auf das neue Jahr waren nicht wirklich hoffnungsvoll.

Wieder kein Karneval, wieder keine Kirmes, und was viel schlimmer war, immer noch keine Perspektive oder Strategie für ein normales Leben.

So schrieb ich meinen zweiten offenen Brief mit dem Titel „Corona – jetzt reicht's!"

12. Februar 2021

Corona – jetzt reicht's!

Ein Jahr Corona und an ein einigermaßen normales Leben ist einfach nicht zu denken! Seit nunmehr fast vier Monaten befinden wir uns nun in einer vierwöchigen Lockdown-Schleife und immer noch ist kein Ende in Sicht! Das ganze Land steht weitgehend still! Auch eine nachhaltige Strategie fehlt meines Erachtens völlig! Das kann unmöglich so weitergehen ohne Folgen, die wir alle zur Genüge täglich selber sehen und am eigenen Leib erfahren!

Jetzt wird wieder verlängert, bis in den März hinein und vielleicht sogar bis Ostern und für weite Teile vielleicht noch darüber hinaus!

Ja, die Schulen stehen im Vordergrund und das ist auch absolut richtig so! Doch was ist mit den anderen Bereichen, wie Einzelhandel, Gastronomie, der gesamten Kultur, Veranstaltungstechnik, Messen, Kirmessen und noch vieles mehr? Es sind halt ganz viele Menschen direkt oder indirekt betroffen, und die müssen einfach alle berücksichtigt werden.

Die Wirtschaftshilfen kommen nicht an, die Impfung geht nicht oder nur schleppend voran und keiner weiß, ob die erhoffte Rettung durch die Impfung überhaupt funktioniert! Es gibt keine Perspektiven, keine Stufen-

pläne zur Öffnung des normalen Lebens und nur wenig Hoffnung auf Besserung!

Man redet nur noch von Inzidenzzahlen und droht regelrecht damit! Ist das wirklich der einzige Weg zur Bekämpfung einer Pandemie? Mit Angst und Schrecken die Menschen in ihrer Freiheit so einzuschränken, dass am Ende wirklich alles am Boden liegt?

Dass wir alle nicht wussten, was eine Pandemie ist, und vor allem, was es für uns alle im Alltag bedeutet, ist wohl jedem klar! Jetzt über die im letzten Jahr gemachten Fehler zu lamentieren oder Schuldzuweisungen auszusprechen, bringt uns alle nicht weiter. Man sollte aber aus den Fehlern lernen und auch andere Strategien zur Bekämpfung der Pandemie überdenken.

Es gibt doch gute Beispiele in der ganzen Welt und, welch ein Wunder, sogar ganz hervorragende Beispiele in Deutschland, siehe Tübingen oder Rostock, um nur zwei Beispiele zu nennen.

Ich würde mir sehr wünschen, dass in so einer schweren Zeit alle Politikerinnen und Politiker näher zusammenrücken würden und ihr Parteibuch einmal an die Seite legen. Der Kampf gegen die Pandemie kann nur gemeinsam erfolgreich geführt werden, und da müssen alle Menschen an einem Strang ziehen und nicht Egos oder Wahlkampf in den Vordergrund stellen.

Das bedeutet, die weitere Vorgehensweise muss auf einer viel breiteren Grundlage unter Einbindung von Entscheidungsträgern aus vielfältigen Bereichen aufbauen. Hierzu gehören neben den Politikerinnen und Politikern insbesondere Menschen aus dem ethischen, philosophischen, historischen Bereich sowie aus der Medizin, aus Pflegeberufen, aus Lehrberufen und Schulen, aus dem Erziehungsbereich, der Gastronomie, aus dem Schaustellergewerbe, dem Veranstaltungsbereich, dem Einzelhandel, aus dem Dienstleistungsbereich, der Tourismusbranche sowie der gesamten Wirtschaft. Zwingend einzubinden sind auch die Kultur und der Freizeitsport. Das heißt, dass bevor Entscheidungen getroffen werden, zwingend mit all diesen Bereichen gesprochen werden muss, damit deren Aspekte in die Entscheidungsfindung einfließen können. Hierdurch ergibt sich nicht nur ein breiteres Fundament, sondern es eröffnet auch die Chance für andere Sichtweisen bzw. Möglichkeiten zur Bekämpfung der Pandemie und nur das schafft Vertrauen für die weiteren Entscheidungen und Vorgehensweisen.

Wichtig sind einheitliche Vorgehensweisen, die jeder Einzelne verstehen und nachvollziehen kann und bei denen sich keiner benachteiligt fühlt. Unabdingbar ist eine begleitende, offene und einheitliche Kommunikation, die jeden Einzelnen auch erreicht. Nur das schafft Akzeptanz für weitere Maßnahmen.

Diese weiteren Maßnahmen müssen Planungssicherheit schaffen und vor dem Hintergrund erfolgen, dass wir alle lernen müssen, mit dem Virus und seinen Mutationen zu leben. Dies muss die Grundlage für das weitere Vorgehen sein. Sonst geht alles kaputt, was wir in den letzten Jahrzehnten aufgebaut haben. Dies darf den Menschen nicht zugemutet werden.

Wichtig ist es jetzt, Hoffnung in die Zukunft durch vernünftige und verhältnismäßige Maßnahmen zu schaffen, eine respekt- und liebevolle Umgangsweise untereinander herzustellen und Hass und Hetze zu verbannen, um somit eine Spaltung der Gesellschaft zu verhindern!

Bitte bleiben Sie alle gesund, aber auch vernünftig!

Ihr
Burkhardt Unrau

Auch nach diesem Brief erhielt ich viel Anerkennung und Zuspruch. Doch was nützte das? Es gab nur noch ein Thema: Impfen, Impfen und nochmals Impfen!

Beide Kirmessen fielen leider wieder aus, denn die Corona-Schutzverordnung erlaubte Volksfeste erst wieder ab dem Stichtag 1. September 2021. Es gab einfach zu viele Fragezeichen, und niemand wusste wirklich damit umzugehen, geschweige denn, welcher der richtige Weg ist.

„Wir kommen wieder!“

Es blieb mir also nichts anderes übrig, als wieder an die Schausteller und unsere Kirmessen in Bergisch Gladbach zu erinnern, damit das Kulturgut und Brauchtum Kirmes nicht in Vergessenheit gerät!

Hubert und Hans-Peter Markmann kamen mit ihrer historischen Wellershaus-Orgel von 1892 nach Bergisch Gladbach, pünktlich am 7. August zur eigentlichen Eröffnung der Laurentiuskirmes, und Manfred Sistig stellte seinen historischen Holzwohnwagen daneben. Mittlerweile hatten wir mit Frank Stein einen neuen Bürgermeister und mit ihm, Dr. Hermann-Josef Tebroke (MdB), Landrat Stephan Santelmann, Kreisdechant Norbert Hörter, Albert Ritter (DSB) und vielen lokalen Politikerinnen und Politikern konnten wir mit vielen hundert Menschen dem einzigartigen Klang der Orgel lauschen. Wir verteilten Lebkuchenherzen mit der Aufschrift „Wir kommen wieder“.

Und wieder habe ich einen offenen Brief geschrieben:

07. August 2021

Rettung des Kulturguts und des Brauchtums Kirmes!

Die Rettung der 1.200 Jahre alten Kirmes- und Volksfeste ist nur möglich, wenn die Kirmes in alter Form wieder stattfinden kann!

Wir müssen dringend zur alten Normalität zurückkommen und das muss unbedingt im Jahr 2022 der Fall sein! Denn die zurzeit stattfindenden Freizeitparks, so genannte Pop-up-Kirmessen oder in jeder großen Stadt ein Riesenrad, helfen nicht dabei, ein gesellschaftliches Highlight aufrechtzuerhalten!

Kirmes ist so viel mehr als nur Feiern und Freizeit! Hier treffen sich alle Menschen – bis zu drei Generationen. Deutsche und Menschen mit Migrationshintergrund, Jung und Alt, alle Hautfarben, alle Geschlechter, Behinderte und nicht Behinderte, aber es treffen sich auch Menschen ohne vorherige Verabredung, die sich lange nicht gesehen haben und die ins Gespräch kommen, und alle haben das gleiche Ziel – Auszeit vom Alltag, fröhlich sein und allen Sinnen freien Lauf lassen!

Nur auf der altbewährten Kirmes ist es möglich, gleichzeitig alle Dinge so intensiv zu erleben und das genau so lange, wie man es möchte, ohne dafür explizit bezahlen zu müssen!

Unterschiedliche Gerüche, unterschiedliche Geschmäcker, unterschiedliche Geräusche und Musik, unterschiedliche Bilder und leuchtende und glitzernde Farben und das allermeiste davon kann man auch noch anfassen!

Der Gleichgewichtssinn, auch Wahrnehmungssinn genannt, ist mit der wichtigste und sechste Sinn, er hilft uns dabei, Körperhaltung zu bewahren und sorgt für Orientierung im Raum. Erst durch ihn bekommen wir ein Empfinden für oben und unten sowie für Rhythmus oder Drehbewegung. Ohne ihn könnten wir nicht einmal aufrecht stehen!

Gerade in pandemischen oder Krisenzeiten wie heute ist dieser Ausgleich durch bzw. auf einer Kirmes, meines Erachtens, mehr als überlebenswichtig, nicht umsonst sagen Kinderpsychiater und Psychologen im Allgemeinen, Kirmes müsste es auf Rezept geben, um so die schwierigen Zeiten zu überstehen und auch sonst ein ausgeglichenes Leben zu führen!

Ihr
Burkhardt Unrau

Wir werden immer mehr

Ich habe mich an diesem Tag weit aus dem Fenster gelehnt, denn ich habe in aller Öffentlichkeit verkündet, dass die Pfingstkirmes im Folgejahr, also 2022, jedenfalls in Bergisch Gladbach stattfindet. Und wenn ich dafür ins Gefängnis muss – aber die Kirmes findet statt! Ich war wirklich davon überzeugt, dass es sonst keine Kirmes mehr geben würde.

Die Resonanz zeigte, dass der Brief den Menschen aus der Seele gesprochen zu haben schien. Auch Bürgermeister Frank Stein versprach, alles zu tun, was in seiner Macht stehe, dass dieser Plan gelingen sollte, und er bestätigte die Zusage seines Vorgängers Lutz Urbach, dass bei der nächsten Kirmes kein Standgeld von den Schaustellern entrichtet werden müsse.

Es war für mich sehr beeindruckend, wie viele Menschen mittlerweile über das Schicksal meiner Schausteller nachdachten und die Kirmes mit ganz anderen Augen betrachteten.

Die Medien begleiteten diese Entwicklung und sorgten mit sehr viel Hintergrundberichterstattung für Information und Erklärung in der Bevölkerung. Dem gilt mein großer Dank, denn ohne die öffentliche Berichterstattung hätten wir niemals so viel von jener Aufmerksamkeit erhalten, die letztendlich bei den Politikerinnen und Politikern ein Umdenken bewirkte.

Ein wunderbares Beispiel dafür ist das Interview, das Guido Wagner mit mir am Vortag der Infoveranstaltung geführt hatte!

Eine schöne Begegnung hatte ich mit dem CDU-Politiker Norbert Röttgen, den ich bei einer Veranstaltung der CDU in Bergisch Gladbach traf. Obwohl vorher nicht abgesprochen, sprach ich ihn einfach an, um auch ihm von den Nöten der Schausteller zu berichten. Er hörte mir sehr interessiert zu und wollte das Thema mit nach Berlin nehmen. Was mich besonders beeindruckt hat, er schrieb mir schon wenige Tage nach unserem Treffen folgende E-Mail:

Sehr geehrter Herr Unrau,

ich habe mich sehr gefreut, dass wir uns bei der Veranstaltung in Bergisch Gladbach kennengelernt haben. Der Austausch mit Ihnen war für mich nicht nur menschlich angenehm, sondern auch inhaltlich bereichernd. Sie haben mich für die Probleme der Schausteller nachdrücklich sensibilisiert. Auch in meinem Wahlkreis gibt es eine lange Tradition der Kirmes als Kulturgut und festes Ereignis im jährlichen Veranstaltungskalender. Über die Belange der Schaustellerfamilien und ihre Be-

lastungen gerade in dieser Zeit, macht man sich jedoch meist viel zu wenig Gedanken. Deshalb bin ich Ihnen für Ihre deutlichen Worte in unserem Gespräch wirklich dankbar. Ich sage Ihnen zu, dass ich das Anliegen nach Berlin mitnehmen und auch bei den Kolleginnen und Kollegen dafür werben werde, den Wert des Erhalts der Kirmes als Kulturgut bei allen Überlegungen gerade auch im Zusammenhang mit den Corona-Entscheidungen stärker in den Fokus zu nehmen.

Herzliche Grüße und alles Gute
Ihr Norbert Röttgen

Liebe im Herzen und Glaube an die Zukunft

So ging auch das zweite Corona-Jahr zu Ende, und ich hatte noch viele weitere Gespräche und Termine rund um das Thema Kirmes. Das alles hatte mich mitgenommen und ging nicht spurlos an mir vorüber. Ich war einfach nur müde. Doch die Weihnachtszeit, meine Frau Ute und viele liebe Freunde machten es möglich, dass ich wieder Kraft tanken konnte. Die Liebe in mir und meinem Herzen hat mich wieder aufgerichtet.

Im neuen Jahr plante ich also die Pfingstkirmes und auch die Laurentiuskirmes, immerhin stand das 180-jährige Jubiläum der Laurentiuskirmes vor der Tür.

9

Kirmes II

Wir sind wieder da!

Gerade schwächte sich das Problem Corona langsam, aber sicher ab, da rauschte bereits die nächste Krise heran: Der Ukraine-Krieg hatte begonnen, und viele Geflüchtete kamen auch nach Bergisch Gladbach.

Mein Freund Ferdinand Linzenich rief mich an und fragte, was ich davon hielte, den geflüchteten Kindern in Bergisch Gladbach einen Tag auf der Kirmes zu spendieren.

Die Linzenich-Gruppe feierte 40-jähriges Jubiläum, und Ferdi wollte sich von seinen Gästen Geld für den Verein „Wir für Bergisch Gladbach“ wünschen, dessen Vorsitzender er ist. Ich selbst bin auch Vereinsmitglied und fand seine Idee einfach nur genial.

Wir schlugen hier zwei Fliegen mit einer Klappe. Über 190 Kinder bekamen Wertmarken, die auf allen Kirmesgeschäften eingelöst werden konnten. Die Kinder hatten die so wichtige Freude und gleichzeitig hatten auch die durch Corona gebeutelten Schausteller etwas davon.

Es war ein riesiger Erfolg, und die Kinder und ihre Mütter konnten nach langer Zeit endlich wieder einen ausgelassenen Tag erleben.

Die Kirmes und das Leben kehren zurück

Schon die Kirmeseröffnung am Samstag, den 4. Juni 2022, war etwas ganz Besonderes. Gemeinsam mit Innenminister Herbert Reul, Bürgermeister Frank Stein, Landrat Stephan Santelmann und Kreisdechant Norbert Hörter eröffnete ich die Pfingstkirmes.

Nach einem faktisch zweijährigen Berufsverbot, bedingt durch die Corona-Krise und die damit zusammenhängenden Entscheidungen der Politik, waren die Schausteller wieder da! Wieder gab es ein Lebkuchenherz, dieses Mal mit der Aufschrift: „Wir sind wieder da."

Und endlich, da waren sie wieder: die vielen strahlenden Kindergesichter; eigentlich aber strahlten alle Besucher der Nach-Corona-Kirmes. Kirmes war immer fröhlich, jedoch so hatte ich das nie zuvor gespürt. Es war, als würde Bergisch Gladbach kollektiv aufatmen und jubilieren: „Ja, das Leben geht weiter! Endlich!" Ich schätze, vielen wurde dort auf dem Kirmesplatz erst so richtig bewusst, wie viele Entbehrungen, wie viel Runterfahren an Lachen, Spaß und Ausgelassenheit, wie viel Vermissen der Gemeinschaft von Menschen die Corona-Jahre bedeutet hatten.

Menschenmassen besuchten die Kirmes und alle waren gut gelaunt.

Mein Herz hüpfte vier Tage lang vor Freude. Es war Balsam auf meiner Seele und wohl auch auf derer aller anderen Besucher. Genau das war es, was ich zwei Jahre lang eingefordert hatte. Nun war es Wirklichkeit geworden. Und ich war froh, mein Versprechen gehalten zu haben: Die Kirmes war zurück in Bergisch Gladbach, nach fast drei Jahren. Unglaublich, aber wahr! Es fühlte sich an wie ein sehr großes Familienfest.

Auch Bürgermeister Frank Stein, der zum ersten Mal die Kirmes eröffnete, sagte, es sei ihm wichtig, dass man trotz der bedrückenden Zeit auch mal ausgelassen feiern könne. Die Kirmes sei von großer Bedeutung für die Stadt und seine Menschen! „Die Stadt lebt", sagte er – und das traf es gut. Natürlich waren auch die Schausteller mehr als froh, endlich wieder in Bergisch Gladbach zu sein und arbeiten zu dürfen.

Glückwunsch zum 70. Geburtstag in 20 Meter Höhe

Zweieinhalb Monate später wartete dann noch die Laurentiuskirmes auf die Gladbacher und die ausgelassene Stimmung setzte sich nahtlos fort. Auch die Schaustellermesse mit Kreisdechant Norbert Hörter war zurück und St. Laurentius freute sich über das Patronatsfest und immerhin 180 Jahre Laurentiuskirmes in Bergisch Gladbach.

180 Jahre, von denen ich bereits 70 mit dabei bin, denn auch ich hatte ein kleines Fest am Tag des heiligen Laurentius: Der 10. August 2022 war mein 70. Geburtstag. Ja, klar, ich habe halt immer auf der Kirmes Geburtstag, aber der 70. war dann doch etwas Besonderes.

In dem Jahr fiel der 10. August in die Aufbauzeit, auf den Mittwoch und wir haben ein wenig gefeiert: direkt in meinem Wohnzimmer, also auf dem Kirmesplatz vor dem Restaurant Bergischer Löwe bei der Familie Doukas. Meine liebe Ute, ihr Sohn Patrick mit seiner Verlobten Imke, meine Schwester Birgid mit ihrem Lebensgefährten Werner Breidohr und ihren Kindern Manuela und Ingo sowie viele Freunde und Weggefährten waren gekommen und natürlich waren auch alle Schausteller da.

Ab dem frühen Morgen stand das Telefon nicht still, WhatsApp überschlug sich, und als ich die Zeitung aufschlug, sah ich in mein eigenes Gesicht: Als Zweijähriger auf dem Arm meines Vaters, als Halbstarker neben meinen Eltern an der Schießbude, als Ehemann mit Ute bei der Hochzeit auf dem Autoscooter, bis zur Einteilung bei der Pfingstkirmes – Guido Wagner hatte einen sehr liebevollen Bericht – herrlich bebildert – über mich geschrieben.

Für die größte Überraschung aber hatten die Schausteller gesorgt. Martina Wingender holte meinen alten Freund Günter Barth, immerhin schon 81 Jahre alt, aus Bonn ab und brachte ihn auch wieder dorthin zurück.

Außerdem schalteten sie eine Geburtstagsanzeige im KOMET, Fachblatt aller Schausteller bundesweit, das genau an diesem Tag erschien.

Und dann war da noch die Firma Gormanns, die mein Konterfei mit Geburtstagsgrüßen und einer überdimensionalen 70 zeigte – auf dem Display der Mittelachse des wunderschönen Riesenrades verkündete es den ganzen Tag meinen Geburtstag in 20 Meter Höhe.

Alles nach Plan und alles wie früher

Kurios war, dass der Autoscooter Route 66 zu dem Zeitpunkt noch nicht da war. Er spielte nämlich noch auf der Kirmes in Daun in der Eifel, wurde erst in der Nacht auf Donnerstag abgebaut, dann gegen Mittag nach Bergisch Gladbach transportiert und anschließend wieder aufgebaut. So war alles, was zur Kirmes gehörte, pünktlich am Samstagmorgen fertig. Was für ein Kraftakt! Auch der Ausschank stand fix und fertig am Brunnen. Beide Geschäfte betreibt seit einigen Jahren Günters Tochter Bärbel mit ihrem Sohn Ludwig.

So konnte die Eröffnung mit Frank Stein, Dr. Hermann-Josef Tebroke, Martin Lucke, dem neuen Landtagsabgeordneten, Norbert Hörter und Stephan Santelmann erfolgen. Auch Feuerwehrchef Jörg Köhler, Ex-Landrat Norbert Mörs, Ex-Bürgermeisterin Maria-Theresia Opladen und Ex-Stadtdirektor Otto Fell waren dabei.

Alles war wie „früher“: Kostenlose Freifahrchips und Lebkuchenherzen wurden verteilt, das Bierfass wurde angeschlagen, ein Kölsch getrunken und natürlich Riesenrad gefahren. Gefühlt freuten sich alle Gladbacher mit mir über meinen Geburtstag und die Rettung der Kirmes in Bergisch Gladbach.

Ich hoffe, es werden für mich und die Bürgerinnen und Bürger Bergisch Gladbachs noch viele Kirmessen folgen.

10

Außerdem

Botschafter für GL, Weihnachtsengel und vieles mehr

Es ist nicht ganz einfach gewesen, beim Schreiben einen roten Faden durch mein Leben zu finden. Zu vieles lief parallel, lief unendlich viele Jahre oder wiederholte sich in unterschiedlichen Abständen.

Die Kirmes und der JUC haben mein Leben wie kaum etwas anderes über eine sehr lange Zeit bestimmt. Daher habe ich ihnen eigene Kapitel gewidmet. Doch am Ende blieben in meinen Kopf noch so viele andere Episoden und Erlebnisse aus meinem Leben übrig, dass ich ein Kapitel „Sonstiges“ brauche. Dieses ist es.

Botschafter für Bergisch Gladbach

Ich habe wirklich manchmal das Gefühl, dass ich mehr Zeit meines Lebens auf dem Konrad-Adenauer-Platz, also in meinem heimlichen Wohnzimmer, verbracht habe, als irgendwo anders!

Alles in allem komme ich auf mehr als 120 Großveranstaltungen, die ich dort organisiert oder mitorganisiert habe.

Auch durfte ich den Konrad-Adenauer-Platz mit seinen historischen Gebäuden wie Rathaus, Villa Zanders, Bergischer Löwe, Gasthaus Am Bock oder dem Gasthaus Paas im WDR-Fernsehen und im Kölner Express präsentieren.

Ja, ich bin gerne Botschafter meiner geliebten Heimatstadt und seiner tollen Einwohner und darauf sehr stolz!

Triumvirat im ausverkauften Löwen

Aber jetzt zurück zu all den Dingen und Episoden, die sonst noch passiert sind in meinem Leben.

Insbesondere die Musik hatte zwar mehr oder weniger intensive Phasen, aber sie ließ mich nie wirklich los.

Sehr gern erinnere ich mich an den großen Auftritt von Triumvirat im Bergischen Löwen. Im Rahmen der letzten Triumvirat-Tournee 1980 spielte mein Freund Jürgen unter anderem mit Arno Steffen. Den Musiker und Komponisten, der zuvor bei der Zeltinger-Band spielte, hatte ich bereits einige Zeit vorher kennengelernt – nun stand er mit der neuen Band auf der Bühne des restlos ausverkauften Löwen.

Ich machte damals den Beleuchter, stand auf der Brücke, hoch oben über der Bühne und hatte mit einem Verfolger (Scheinwerfer) nichts anderes zu tun, als Arno ins rechte Licht zu rücken.

Während des Konzertes bekam Jürgen von der Band eine große Torte zur Geburt seines ersten Sohnes überreicht, die er alsbald mit voller Kraft ins Publikum warf. Der Saal tobte! Es war ein wirklich denkwürdiger Auftritt, da sich die Musik von Triumvirat durch Arno Steffen doch extrem verändert hatte.

Auch mit Fly Dirt hatten wir unseren letzten großen Auftritt im Bergischen Löwen, bei der Meisterfeier von Rainer Hellmich und Wolf Heisig. Wir spielten zwar später noch bei mir zu Hause im extra gebauten Probenraum, aber es war einfach keine Zeit mehr übrig, das weiter auszubauen.

Hans-Gerd Kierdorf war mittlerweile ein erfolgreicher Unternehmensberater geworden und Albrecht Ruppert hatte sich als Doktor der Medizin mit einer eigenen Praxis auf der Reuterstraße als Allgemeinmediziner niedergelassen.

Schloss Lerbach und eine besondere Begegnung

Durch den JUC und den Schaustellerverein rutschte ich immer mehr nicht nur ins gesellschaftliche, sondern auch ins politische Leben Bergisch Gladbachs hinein.

Anfang der 1990er-Jahre holte die Althoffgruppe das alte Schloss Lerbach aus dem Dornröschenschlaf und der damalige Hoteldirektor Kurt Wagner, der das Hotel 1992 eröffnete, machte in kürzester Zeit ein Schmuckstück daraus. Mit Dieter Müller hatten wir dort den ersten 3-Sterne-Koch in Bergisch Gladbach.

Auch ich ging dort nicht nur gerne essen, sondern ab und zu traf man sich auf der Terrasse auf einen Kaffee oder ein leckeres Kaltgetränk.

Das Jahr 2001 hatte es in sich! Der JUC feierte sein zehnjähriges Jubiläum im Garten des wunderschönen Schlosses, und Kurt Wagner führte die Lerbacher Musiktage ein: rauschende Feste über jeweils drei Tage, die jedes Mal erst im Morgengrauen endeten. Einer der Höhepunkte war damals der Auftritt von Linda Fields, Pop-Ikone der 1970er-Jahre, mit dem Hit „Shame, shame, shame“.

Im gleichen Jahr trug es sich zu, dass ich wieder einmal im Schloss Lerbach war und auf der Terrasse Ferdi Linzenich traf, der dort mit einigen Freunden zusammensaß. Kleine Begrüßung, freudiges Hallo, und dann sagte Ferdi zu mir: „Dreh dich mal um. Hinter Dir steht Mick Jagger.“ Ich lachte und sagte nur: „Hahaha“. Er wiederholte sein Anliegen bestimmt noch dreimal, sodass ich bereits langsam sauer wurde, denn verarschen kann ich mich alleine … dachte ich. Damit er endlich Ruhe gab, tat ich ihm schließlich den Gefallen und dachte, mich trifft der Schlag, denn da stand tatsächlich Mick Jagger mit dem Handy telefonierend vor mir. Ich war vom Donner gerührt und einfach nur sprachlos!

Mir war nicht klar, wie klein dieser Mann in Wirklichkeit war, und Ferdi sagte, als Mick wegging: „Nimm den Stuhl dort, da hat er drauf gesessen." Und ja, ich nahm den Stuhl – und ich wollte nicht mehr aufstehen! Mick Jagger von den Rolling Stones hatte sich im Schloss Lerbach übrigens mit Bono von U2 getroffen, um einen gemeinsamen Song zu proben.

Linzenich-Hochzeit: Die Polizei vermisst etwas!

Eine tolle Geschichte gibt es auch von Ferdis Hochzeit mit seiner lieben Frau Petra zu erzählen.

Als die beiden 1992 heirateten, war unter anderem auch Heiner Lauterbach zu Gast. Er spielte gerade im Fernsehen den Kommissar Dorn. Die Hochzeitsfeier fand nach der Trauung im Gladbacher Rathaus auf dem elterlichen Anwesen in Refrath statt.

Es war schon ziemlich spät, da stand plötzlich die Polizei vor der Tür. Ein Nachbar fühlte sich wohl in seiner Nachtruhe gestört, und die Ordnungshüter wollten diese wiederherstellen.

Als alles besprochen war und sie uns rieten, doch etwas leiser zu feiern, gingen die beiden Herren wieder vom Grundstück weg in Richtung Straße. Sie kamen jedoch sofort wieder zurück, denn das Polizeiauto war weg! Es stand nicht mehr da, wo sie es abgestellt hatten.

Wir konnten es nicht glauben und vergewisserten uns alle persönlich, dass das Vehikel verschwunden war. Wir fanden das Auto schließlich in der Straße um die Ecke.

Dann kam Heiner Lauterbach und sagte lachend: „Hallo Kollegen, mein Name ist Kommissar Dorn. Ich habe das Auto um die Ecke gefahren, denn es stand im Weg!"

Aufatmen und großes Gelächter beendeten die ausgefallene Situation, und auch die beiden Polizisten nahmen es mit Humor. Ich glaube, Heiner Lauterbach hat beiden noch ein Autogramm gegeben, und dann feierten wir weiter bis in den frühen Morgen.

Grieche werden, damit es was zu feiern gibt

Gefeiert wurde auch bei meinen griechischen Freunden Dimi und Toni im großen Saal ihres Restaurants Kalyva in Bechen. Dort wurde sogar ich zum Griechen, als Griechenland gerade Fußballeuropameister geworden war. Am 4. Juli 2004 gewannen sie gegen Portugal mit 1:0. Da Deutschland bereits in der Vorrunde ausgeschieden war, mussten wir also Griechen werden, um feiern zu können.

Dimi und Toni, die beiden griechischen Chefs, flippten völlig aus. Sie waren tatsächlich die einzigen beiden Griechen, der Rest waren Deutsche, die feierten wie die Griechen – es war der helle Wahnsinn. Unter den ausgelassen feiernden Deutsch-Griechen waren auch Wolfgang Bosbach, Jürgen Fritz und Ex-Nationalkicker Carsten Ramelow.

Angelos Charisteas erzielte damals in der 57. Minute den Siegtreffer.

Aber wo schaut sich ein Angelos Charisteas die Fußballweltmeisterschaft an, wenn er schon mal in Deutschland ist? Natürlich in der Taverne Mykonos auf der Odenthaler Straße im Stadtteil Hebborn, keine 100 Meter entfernt von meiner Haustüre und damit mein Stammlokal.

Der Journalist und TV-Produzent Josif Protogerakis hatte den früheren Fußballprofi, der auch 2002 Pokalsieger mit Werder Bremen wurde, 2018 mit nach Bergisch Gladbach gebracht, um mit ihm und seinen Freunden Pascal Simitsakis von der Taverne Mykonos und mir zu essen und Fußball zu gucken. Griechenland war leider nicht dabei und Deutschland schied wie damals bei der Europameisterschaft in der Vorrunde aus.

Für mich war die Freundschaft zu Angelos Charisteas schnell hergestellt, weil er ja 2011 für den FC Schalke 04 gespielt hat und dies mein absoluter Herzensverein in der Fußballbundesliga ist.

Wie schon erwähnt, ist das Mykonos mein Stammlokal, das ich gerne, insbesondere zur Biergartenzeit aufsuche. Nach anstrengenden Tagen wie Kirmes, JUC-Cup oder anderem finde ich hier bei leckerem Essen und Trinken und in netter Gesellschaft die Entspannung, die ich brauche.

Hierzu trägt insbesondere die Familie von Pascal Simitsakis bei, denn auch seine beiden Schwestern Irini und Katharina, die Lebensgefährtin von Josif Protogerakis, sind dort oft anzutreffen. Ute und ich genießen diese Zusammenkünfte.

Pascal und seine Schwestern haben auch die Open-Air-Konzerte des JUC und das große Tommy-Engel-Abschiedskonzert unterstützt, indem sie unentgeltlich für eine hervorragende Bewirtung sorgten.

Große Musiker aus der Region

Die Musik war und ist bis zum heutigen Tag immer meine heimliche Leidenschaft gewesen. Und immer hing das irgendwie mit Jürgen Fritz zusammen.

Als Jürgen Mitte der 1970er-Jahre aus den USA zurückkam, wo er mit Triumvirat – unter anderem als Vorgruppe von Fleetwood Mac – von Erfolg zu Erfolg eilte, traf er so ganz nebenbei auf Tommy Engel. Im Festzelt in Bergisch Gladbach-Herkenrath spielte Jürgen mit den Red Rubber Balls und Tommy Engel mit den Black Beats. Beide saßen übrigens damals am Schlagzeug. Kurze Zeit später trafen sich die beiden wieder: im Tonstudio von Conny Plank, in dem die Bläck Fööss Aufnahmen machten. Wie Tommy Engel das Lied „Treck noch ens dat Kleid an“ in einem einzigen Take einspielte, hat Jürgen so beeindruckt, dass er direkt sagte, er wolle mit ihm gerne mal etwas zusammen machen.

Das dauerte dann jedoch noch einige Jahre, denn Jürgen entwickelte sich in dieser Zeit zu einem der besten Musikproduzenten Deutschlands. Er schrieb und produzierte unter anderem für die Hollies, Peter Hofmann, Mario Adorf, Jennifer Rush, Jonny Logan, aber auch für Hella von Sinnen, Gerd Köster und Trude Herr. Auch das Trude-Herr-Gedächtnislied „Niemals geht man so ganz“ stammt aus seiner Feder.

Ende der 1980er-Jahre arbeitete und lebte Jürgen Fritz in Frankfurt, kam aber dann Ende 1992 wieder zurück nach Köln, wo er auf die alten Weggefährten traf und schon bald bei Gerd Kösters Band „The Piano has been drinking“ mitspielte.

1995 entwickelte und produzierte Jürgen zusammen mit Thomas Brück die Trude-Herr-Revue. Es wurde ein Album produziert, mit dem Kölner Rundfunk-Orchester, Dirk Bach, Jürgen Becker, Anne Haigis, Gigi Herr, Gaby Köster, den Höhnern, Gerd Köster, Sammy Orfgen, Hella von Sinnen und natürlich Tommy Engel.

Gekrönt wurde das Ganze von einer Veranstaltung auf dem Roncalliplatz in Köln vor 16.000 Menschen.

Nun traf Jürgen Fritz auch wieder auf Tommy Engel, der mittlerweile bei den Bläck Fööss ausgestiegen war und nahm mit ihm die erste Soloplatte auf. Tommy Engel hatte Anfang der 2000er-Jahre riesigen Erfolg mit LSE; mit dabei waren Arno Steffen und Rolf Lammers.

Der Weihnachtsengel.
Einmal im Jahr „Best Boy" sein.

Bis ich wieder ins Spiel kam, dauerte es bis ins Jahr 2005.

Jürgen und Tommy setzten sich zusammen und entwickelten den Weihnachtsengel. Es lag ja praktisch auf der Hand: Schon der Name war Programm. Es entstand die bis dahin erfolgreichste Weihnachtsdinner-Show in Köln, und das ist sie auch bis zum heutigen Tag geblieben.

Jürgen Fritz stellte als musikalischer Leiter eine hervorragende Band um Tommy Engel zusammen. Dazu wurde ein Drei-Gänge-Menü serviert. Die erste Veranstaltung fand in einem großen Himmelszelt auf der Pferderennbahn in Köln-Weidenpesch statt und war bereits ein großer Erfolg.

Und ich durfte dabei sein! Am Anfang betreute ich Tommy Engel und die Musiker und war einfach Mädchen für alles. Dann wurde ich der Inspizient der Veranstaltung, verantwortlich für den reibungslosen Ablauf. Mein Freund Jürgen nannte mich einfach nur „Best Boy".

So wurde der Weihnachtsengel in den nächsten Jahren immer von Mitte November bis kurz vor Heiligabend fester Bestandteil meines Jahreskalenders.

Wir waren ein regelrechter Wanderzirkus, denn oft mussten wir umziehen, warum auch immer. Auf die Rennbahn folgte die Flora, also ein festes Gebäude, dann wieder ein Zelt im Mediapark und im Südstadion, dann waren wir sechs Jahre im Staatenhaus, dann wieder im Zelt am Barmer Platz und an der Gummersbacher Straße, dann kam die Stadthalle in Mülheim und heute ist der Weihnachtsengel zu Gast in der Motor World am Butzweiler Hof.

Bei den Zelten kam mir, was Aufbau und Logistik anging, mein Kirmeswissen zugute.

Aber auch ich konnte noch überrascht werden: denn für ca. 1000 Gäste Essen zu kochen und das dann noch zur gleichen Zeit und heiß auf den Tisch zu bringen, hatte ich vorher noch nicht erlebt. Das konnte unser Gastronom Jürgen Walter und sein Team von „Aufgetischt Catering".

Der Weihnachtsengel war stets eine sehr arbeitsreiche Zeit, die ich aber nicht als solche empfand. Es war immer wieder aufs Neue eine Freude und ein Erlebnis, mit so vielen tollen Künstlern und Musikern zusammen zu sein. Dazu gehörten zum Beispiel: „Die Doof Nuss" Hans Hachenberg, der kölscheste Kölner Büttenredner, der aber aus Bergisch Gladbach kam und den keiner so gut nachmachen konnte wie Tommy Engel, oder Carolin Kebekus, die in Bergisch Gladbach geboren wurde, und Marc Metzger, ebenfalls ein großer Kölner Karnevalist sowie Purple Schulz und Gaby Köster.

Frühstück und Treffen mit Freunden

Hans Hachenberg kannte ich gefühlt schon mein ganzes Leben. Mit ihm und Tommy Engel traf ich mich einmal im Jahr zum Frühstück und Klönen im Theater Café in Gladbach. Auch Jürgen Fritz und Norbert Pfennings waren häufig dabei.

Immer wieder war ich unterwegs, wenn es Live-Events gab: Im Tanzbrunnen in Köln bei der Saisoneröffnung durch Tommy Engel, beim Festival Kölle Live, mit Tommy Engel, Brings und Höhner, Dirk Bach und Hella von Sinnen 2007 im RheinEnergieSTADION vor 30.000 Menschen.

Ein Erlebnis waren die Dreharbeiten des WDR zum Video des Kölner Hits „Du bes Kölle“, ebenfalls aus der Feder von Jürgen Fritz. Wir frühstückten zusammen bei Thomas, fuhren an den jeweiligen Drehort und hatten anschließend immer noch genug Zeit für viele gute Gespräche. In dieser Zeit entstand eine wirklich intensive Freundschaft zu Tommy Engel, die bis heute anhält und die mir wirklich viel bedeutet.

Mit meinem 60. Geburtstag begann ich, mein Tempo etwas zu reduzieren und so ging ich 2012, nach 27 Jahren DKV in den Ruhestand. Den Weihnachtsengel habe ich bis einschließlich 2017 mitgemacht und mit dem JUC war dann ja am Anfang 2019 Schluss.

Seither gibt es für mich nur noch Kirmes, und ich denke, das mache ich, solange ich Lust und Freude daran habe oder bis ich umkippe.

Mallorca wird zur zweiten Heimat

Dass ich eben nicht umkippe, daran haben meine Erholungsphasen großen Anteil. Anfangs war ich, um Kraft zu tanken und Batterien aufzuladen, in Bad Hindelang im Allgäu, später wurde Mallorca das Ziel der Ziele. Seit 1986 besuche ich Mallorca immer wieder und immer länger.

Damals hatte meine Schwester Birgid ein Ferienhaus für sich und ihre beiden Kinder Manuela und Ingo in Cala d'Or gebaut.

Alle drei hatten einen schweren Schicksalsschlag zu überstehen, hatten sie doch Mann und Vater 1981 durch einen tragischen Flugzeugabsturz verloren.

Ihren heutigen Lebensgefährten Werner Breidohr lernte meine Schwester später auf Mallorca kennen, in Cala d'Or, wo auch er ein Haus hat. Das Verrückte daran ist, dass beide in Bergisch Gladbach geboren wurden, sich aber bis dahin nicht kannten.

Ich half meiner Schwester in den ersten schweren Jahren, wo ich nur konnte, und war auch auf Mallorca dabei, als sich ihr Leben wieder in die richtige Richtung entwickelte, nämlich positiv nach vorne.

Von da an war ich jedes Jahr mindestens zweimal auf der Insel, um Urlaub zu machen und mich zu erholen. Das kann man auf Mallorca wirklich, wenn man nicht gerade am Ballermann landet.

Ein Club gegen Depression

Der Robinson Club hat mir regelrecht das Leben gerettet, als mich 2007 meine damalige Frau Martina von heute auf morgen verlassen hatte. Ich kann mich gut erinnern, dass ich nach Kirmes und Weihnachtsengel kurz vor Weihnachten dastand und einfach nur einsam und traurig war. Das Leben hatte ohne Martina keinen Sinn mehr, dachte ich. Was sollte ich tun?

Es war dann Lea Schenker, die viele Jahre das Café Centrale führte, die mir den entscheidenden „Tritt" gab. Sie schlug vor: „Fahr doch über Weihnachten nach Mallorca, da bist du doch so gerne." Ich überlegte hin und her und entschloss mich tatsächlich, ihrem Vorschlag zu folgen.

Da ich aber auch auf der Insel nicht alleine dasitzen wollte – ich hatte einfach Angst vor depressiven Phasen – buchte ich mich im Robinson Club Cala Serena ein, ohne zu wissen, was ein solcher „Club" eigentlich ist.

Ich war letztendlich so positiv überrascht, dass ich später bei der Wohnungssuche unbedingt ganz in der Nähe des Robinson Clubs landen wollte.

Das hat Gott sei Dank geklappt, denn im Jahr 2012 kauften Ute und ich eine Eigentumswohnung direkt in der Nachbarschaft. So bin ich auch heute noch recht häufig im Club, obwohl ich nicht mehr dort wohne. Ich mag einfach diese lockere Art, die Freundlichkeit von so vielen jungen Menschen – ich fühle mich einfach wohl dort.

Dank Holger Reinshagen, der damals Club-Direktor war und heute Regionalmanager für die ganze Region Spanien und Portugal ist, und dank der heutigen Club-Direktorin Tina Grünold, die damals stellvertretende Direktorin war, ist ein sehr freundschaftliches Verhältnis entstanden, was mir wirklich sehr wichtig ist, ebenso das zu Frontoffice-Manager Mätti und seiner Lebensgefährtin Romy aus der Boutique, die ich beide bereits seit 2010 kenne.

Ich kann aber auch Olli nicht unerwähnt lassen, dessen Zigarren-Lounge abends im Club ein beliebter Treffpunkt ist, um eine gute Zigarre zu rauchen oder einen speziellen Whiskey oder Rum zu trinken. Ich glaube, es gibt nicht viele Menschen auf der Welt, die so viel Ahnung von Zigarren haben wie Olli.

Und schließlich ist da noch Apolonia, die im Robinson Club schon seit ewigen Zeiten an der Rezeption arbeitet. Durch sie habe ich nicht nur wirklich gute Kontakte zu den Einheimischen knüpfen können, sodass ich sagen kann, dass ich selbst bei den Mallorquinern heute viele Freunde habe, sondern auch den Tipp bekommen für die Wohnung, die wir dann letztlich gekauft haben.

Ein Superverhältnis haben Ute und ich auch zu unserer direkten Nachbarin Eva und ihrem Sohn Alex, waschechten Spaniern.

Es hat schon einen deutlichen Unterschied gemacht, dort tatsächlich einen Wohnsitz zu haben, dort zu „leben“ und nicht „nur“ Urlaub zu machen. Man hat plötzlich wieder neue Nachbarn, etwa Iris und Frank Grigull, und sogar ein Schausteller ist mit dabei: Michael Burghard, der mit seinem Riesenrad schon mehrfach in Gladbach gestanden hat. Mit diesen treffen wir uns gerne zu einem leckeren Cordon bleu in der Bude bei Michi und Stefan oder bei Karla und Torsten im Toka Tapa oder direkt in unserer Nachbarschaft in der Bar Maria bei Maria und Jaime und deren Sohn Toni.

Im Zeichen guter Freundschaften

Die Liste derer, die ich im Laufe der Jahre bereits auf Mallorca getroffen habe, ist lang. Viele Freundschaften wurden auf den Balearen geknüpft, gepflegt oder vertieft.

Getroffen habe ich Holger Müller, Patrick Duske, Lutz Urbach, Wolfgang Bosbach, Klaus-Dieter, Norbert und Horst Becker, Jürgen Fritz, Torsten Keller, Jörg Picks, Norbert Mörs, Jürgen Walter, Sylvia Zanders, Ferdinand und Johannes Linzenich, Franz-Heinrich Krey, Ursula Lübbe, Rolf Menzel, Sven Ottke, Arthur Abraham,

Uli Wegner, Florian Kohfeldt, Thomas Smid, Henning Krautmacher, Peter Brings, Manfred Lehmann, Kerstin und Dieter Hecking und Claudia Pechstein, um nur einige zu nennen. Viele von ihnen treffe ich auch heute noch mindestens einmal im Jahr.

So lernte ich dort auch Andreas Reetz kennen, einen Promifriseur aus Recklinghausen.

Zu seinen Kunden gehörten damals schon Leute wie Manuel Neuer, Benedikt Höwedes, Leon Goretzka oder Ralf Fährmann, alles echte Schalker Jungs. Aber auch Herbert Grönemeyer, Simone und Sophia Thomalla, Sarah Knappik und sogar die Hollywoodlegende Jane Birkin wurden von ihm frisiert.

Ein junger Mensch mit tollen Ideen und Ambitionen, mit dem ich im Robinson Club viel Spaß hatte und der natürlich auch mein wallendes Haupthaar bearbeitet hat.

409 Haarschnitte in 24 Stunden

Zu Hause in Recklinghausen wollte er einen Weltrekord aufstellen, 400 Männerhaarschnitte in 24 Stunden non stop und das alles für einen guten Zweck.

Was für eine unglaubliche Aufgabe, dachte ich, und mir kamen schon einige Zweifel. Andreas aber war so begeistert von seiner Idee, dass er nicht davon abließ, täglich darüber zu sprechen.

Am Tag seiner Abreise lud er Ute und mich zu dieser Veranstaltung ein und wollte uns dann noch mitteilen, wann genau das Spektakel stattfindet.

Ich war völlig begeistert von diesem erst 27-jährigen jungen Mann, weil ich spürte, wie sehr er für die Sache brannte und wie begeisterungsfähig er war. Aber mal ganz ehrlich, eine ganz schöne Aufgabe und ich glaubte nicht, dass das zu schaffen war.

Und dann passierte es: Einige Zeit später bekam ich tatsächlich die Einladung zu einem Großevent, das eigentlich von mir hätte sein können.

Ute und ich sind dieser Einladung sehr gerne nachgekommen, ich war einfach neugierig darauf, was da wohl passiert.

So sind wir am 29. Juli 2015 nach Recklinghausen gefahren. Da fand über zwei Tage ein kleines Stadtfest statt, an dem u.a. alle Kneipen im Zentrum beteiligt waren.

Und es ist tatsächlich passiert, Andreas Reetz stand mitten in der kleinen Zeltstadt auf dem Rathausplatz auf einer kleinen Bühne und begann pünktlich um 19.00 Uhr mit dem ersten Haarschnitt.

Sein erster Kunde war Fußballtrainer Peter Neururer und viele, viele Freiwillige standen Schlange und so wurde ein Haarschopf nach dem anderen frisiert.

Nicht ganz 24 Stunden später, nämlich um 18.35 Uhr am nächsten Tag waren die 400 Haarschnitte geschafft. Es kamen noch 9 weitere Haarschnitte hinzu und als letzter Kandidat setzte sich zum krönenden Abschluss Comedian Matze Knop auf den „heißen" Stuhl.

Beim Schlussgong um 19.00 Uhr riss Andreas die Arme hoch und war in dem Moment wohl der glücklichste Mensch auf Erden. Geschafft! Der neue Weltrekord war aufgestellt!

So ganz nebenbei kamen noch 15.000,00 Euro für einen guten Zweck zusammen, für die Aktion „Kinderlachen e.V.".

Es war einfach sehr schön für mich zu sehen, dass ein 27-jähriger, ambitionierter Unternehmer mit vielen anderen Unternehmern und Freunden eine solche Aktion auf die Beine stellen kann.

Sein Spruch: „Man muss das Unmögliche versuchen, um das Mögliche zu erreichen“ passt genau zu meinem Motto „gemeinsam was bewegen“.

Kirmesplatz im eigenen Vorgarten

Noch am Rande: In Recklinghausen bin ich über einen „Kirmesplatz“ gegangen, der aus dem schönen Porphyr-Pflaster bestand, das auch auf unserem Konrad-Adenauer-Platz liegt. Einziger Unterschied: alle Steine liegen dort in fester Fuge, stabil und ohne Stolperkanten.

Auch ich habe in meinem Garten einen kleinen runden Platz mit Porphyr-Steinen und fester Fuge gebaut, nachdem ich zu meinem 60. Geburtstag einen solchen Stein, aus der alten Fußgängerzone, von Bürgermeister Lutz Urbach und eine ganze Tasche voll solcher Steine vom damaligen Pressesprecher Stefan Kunze geschenkt bekommen habe.

Ich habe also in meinem Vorgarten meinen eigenen Konrad-Adenauer-Platz bzw. Kirmesplatz.

Auf Mallorca, dieser herrlichen Insel, wurde auch so manches Problem gelöst, das ich in Bergisch Gladbach hatte, ob in persönlichen Treffen oder in stundenlangen Telefongesprächen, die ich auf meinem Felsen sitzend führte. Drei Menschen waren hier von besonderer Bedeutung, die mir mit ihren Ratschlägen dabei geholfen haben, dass ich immer den richtigen Weg gegangen bin. Ich denke hier an Norbert Mörs, Holger Müller und Franz-Heinrich Krey.

Schlagzeuger gesucht

Eines Tages suchte die Hausband des Robinson Clubs händeringend nach einem Schlagzeuger. Sie fragten mich, ob ich einspringen könnte. Natürlich konnte ich, und so machte ich tatsächlich noch einmal aktiv Musik.

Bei 40 Grad Hitze Ende August probten wir, Gunter an der Gitarre, Alberto am Bass und Leadsängerin Marika drei Wochen lang und hatten dann im Oktober 2015 vier gigantische Auftritte im Robinson Club vor jeweils mehreren hundert Menschen. Ich war wieder ganz in meinem Element. Wir rockten die Cala Serena und nannten uns Rockin'Serena.

Übrigens, zu Hause in Gladbach habe ich in meinem Keller bzw. Probenraum immer noch mein letztes Schlagzeug stehen. Es ist das Schlagzeug von Triumvirat, das bei der letzten Tournee 1980 ganz in weiß lackiert von dem Amerikaner Herb Quick gespielt wurde und das ich, nachdem es wieder abgebeizt war, von Jürgen gekauft habe.

Auch habe ich noch vier S 70 von Farfisa, also aktive Lautsprecherboxen, die damals als PA dienten und bei dem Rock-Open-Air 1973 im Stadion in Bergisch Gladbach, wo auch Fly Dirt gespielt hat, auf der Bühne standen.

Jetzt, wo ich „nur" noch die Kirmes mache, bleibt viel Zeit für die Wärme, die Schönheit und das relaxte Leben auf Mallorca. Durch die Wohnung können wir fahren, wann immer es passt, und – ebenfalls wenn es passt – wieder zurückkommen. Das ist ein wirklich sehr komfortabler Zustand, um die Jahre zu genießen, die noch vor mir liegen.

11

Und nun?

Resümee und Blick nach vorn

Ich hatte ein glückliches und erfülltes Leben, das ich genauso noch einmal leben würde. Ich würde wirklich nichts anders machen wollen! Ich hatte sehr viel Glück und immer Menschen mit viel Liebe im Herzen um mich, und ich bin bis heute gesund geblieben.

Die Gesundheit ist das wichtigste Gut, was man haben kann! Dass mir diese in all den Jahren erhalten geblieben ist und ich alles durchstehen konnte, daran hat mein alter Freund und Arzt meines Vertrauens, Dr. Heribert Wiemer, einen maßgeblichen Anteil. Selbst wenn ich auf Mallorca war, konnte ich ihn Tag und Nacht anrufen und er hat mir mit Rat und Tat zur Seite gestanden.

Aber nicht nur die ärztlichen Ratschläge, sondern auch die vielen guten und freundschaftlichen Gespräche mit ihm über alle Lebenssituationen waren und sind bis heute wichtige Begleiter meines Lebens.

Aber auch auf die Einstellung kommt es an. So hat mich der Chefredakteur der Bergischen Landeszeitung, Horst Breiler, mal bei einem Interview gefragt, wann ich denn mal Freizeit habe, bei allem, was ich da machen würde. Ich antwortete: „Ich habe keine Freizeit.“

Er schaute mich verdutzt an und sagte: „Keine Freizeit? Also nur Arbeitszeit?“ „Nein“ sagte ich, „ich habe auch keine Arbeitszeit.“ Er stutzte und schaute mich fragend an. „Ich habe Lebenszeit und das sehr gerne und dafür bin ich sehr dankbar!“, sagte ich.

Ja, ich lebe einfach sehr gerne, auch wenn es Probleme gibt, dann muss man diese lösen und aus der Welt schaffen. Und nach Regen kommt wieder Sonne oder auch: das Leben ist wie eine Fahrt auf der Achterbahn, mal geht es rauf und mal wieder runter!

Ich bin sehr dankbar für all das, was ich erlebt habe und was ich alles machen durfte, gerade in einer etwas diffusen Zeit wie heute, wo sich scheinbar alles ändert und nichts mehr so ist, wie es einmal war.

Aber ich kann nur sagen, dass nicht alles, was früher gut war, heute schlecht ist bzw. sein muss!

Das ist auch in Bergisch Gladbach so. Ich habe 2018 schon gesagt, dass eine Epoche zu Ende ist, damals hat man mich noch belächelt! Und Corona hat das Ganze nur noch beschleunigt, sowie der Krieg in der Ukraine.

Gerne sollte man aus Fehlern lernen und diese abstellen, wenn es denn wirklich welche waren und sie möglichst nicht mehr machen, aber alles auf den Kopf stellen und verurteilen und womöglich ins Gegenteil kehren, hilft dabei meines Erachtens nicht.

Und so habe ich noch einmal einen offenen Brief an alle Menschen geschrieben, aber vor allem an die Menschen in meiner geliebten Heimatstadt Bergisch Gladbach:

08. November 2022

Offener Brief an alle!

Als besorgter Bürger meiner geliebten Heimatstadt Bergisch Gladbach beobachte ich mit zunehmender Sorge den steigenden Egoismus und die Streitkultur der Menschen grundsätzlich, aber eben auch in Bergisch Gladbach.

Als aktuelle Beispiele nenne ich die unsäglichen Diskussionen über die Verkehrssituation in Bergisch Gladbach generell, aber insbesondere aktuell über die Laurentiusstraße, die Parkgebühren sowie die Altenberger-Dom-Straße.

Die Umgestaltung der Laurentiusstraße zur Fahrradstraße ist weder notwendig noch sinnvoll! Zur Förde-

rung des Radverkehrs wurde ja bereits die Laurentiusstraße für den gegenläufigen Radverkehr freigegeben, was ich ausdrücklich begrüße! Zudem wird derzeit die Odenthaler Straße ab der Laurentiusstraße für sicheren Radverkehr hergerichtet.

Somit haben wir jetzt schon drei Möglichkeiten für Radfahrende vom östlichen Stadtteil sicher in die Stadtmitte und wieder hinaus zu gelangen. Und zwar: Laurentiusstraße in beide Richtungen, Odenthaler Straße mit direkter Verbindung zur Rad- und Busspur an der Schnabelsmühle, in beide Richtungen und sogar noch die schon immer von vielen benutzte Wegführung von der Odenthaler Straße über den Buchmühlenparkplatz (Einfahrt neben Kieser-Gebäude) in die Fußgängerzone oder weiter durch den Forum-Park bis zum Kreisverkehr Schnabelsmühle.

Somit ist für mich die Umwandlung zur Fahrradstraße in der jetzt vorgeschlagenen Art und Weise absolut unnötig und für ein Prestigeobjekt der jetzigen Stadtregierung untauglich!

Die Verkehrsflüsse in diesem Bereich sind jedenfalls völlig unproblematisch, keine Staus, keine sonstigen Behinderungen, keine Unfälle, selbst im Berufsverkehr nicht, zumal der derzeitige Umbau der Odenthaler Straße noch zu einer weiteren Verbesserung beiträgt.

Die geplante Fahrradstraße und der daraus resultierende Umgehungsverkehr kann die Gesamtsituation durch Staubildungen und erhöhten CO_2-Ausstoß, Zeitverlusten und auch der Beeinträchtigungen der Verkehrssicherheit nur nachteilig verändern!

Die hieraus resultierenden nachteiligen Auswirkungen auf den Einzelhandel, den Besuch des Wochenmarktes sowie den Besuch und Aufenthalt in der Stadtmitte sind absehbar.

Daher bin ich als „Ureinwohner" davon überzeugt, dass es sich lohnt, dafür zu kämpfen, dass die Laurentiusstraße nicht zur Fahrradstraße wird, sondern eine wichtige Verbindungsstraße für alle Verkehrsteilnehmer bleibt!

Die Durchsetzung von Ideologien bringt uns ebenso wenig weiter, wie an der Vergangenheit festzuhalten oder über die in den letzten Jahren bzw. Jahrzehnten gemachten Fehler zu lamentieren und Schuldzuweisungen auszusprechen. Gleiches gilt für die Umsetzung der verkehrlichen Maßnahmen in der Ortsdurchfahrt Schildgen, die Erhöhung der Parkgebühren, aber auch für die Neugestaltung des Spielplatzes auf dem Peter-Bürling-Platz.

Ich würde mir sehr wünschen, dass bei der jetzigen Zeitenwende und dem Beginn einer neuen Epoche alle

Politikerinnen und Politiker näher zusammenrücken und ihr Parteibuch einmal zur Seite legen würden. Das gilt ganz besonders auch für die Stadtverwaltung selbst. Das alles kann nur erfolgen, wenn es gemeinsam betrieben wird, und da müssen alle Menschen an einem Strang ziehen und nicht Egoismen und Parteistrategien im Vordergrund stehen. Das bedeutet, die weitere Vorgehensweise muss auf einer viel breiteren Grundlage unter Einbindung von Entscheidungsträgern aus vielfältigen Bereichen aufbauen.

Gerade die Verkehrssituation in Bergisch Gladbach erfordert eine gemeinsame Herangehensweise, bei der alle Verkehrsteilnehmenden gleichermaßen Berücksichtigung finden, also Autoverkehr, Radverkehr und Fußgänger. Das heißt, dass, bevor Entscheidungen getroffen werden, zwingend mit all diesen Bereichen gesprochen werden muss, damit deren Aspekte in die Entscheidungsfindung einfließen können. Hierdurch ergibt sich nicht nur ein breites Fundament, sondern es eröffnet auch die Chance für andere Sichtweisen bzw. Möglichkeiten und nur das schafft Vertrauen für die weiteren Entscheidungen und Maßnahmen. Wichtig sind Vorgehensweisen, die jeder Einzelne verstehen und nachvollziehen kann, und bei denen sich keiner benachteiligt fühlt.

Genauso wichtig ist eine begleitende offene und einheitliche Kommunikation, die jeden Einzelnen auch erreicht. Nur das schafft die zwingend notwendige Akzeptanz.

Unabdingbar ist es jetzt, Hoffnung in die Zukunft durch vernünftige, nachvollziehbare und vor allem verhältnismäßige Maßnahmen zu schaffen, sowie einen respektvollen Umgang miteinander herzustellen.

Das Gebot der Stunde ist: Verständnis für den Anderen, Liebe und Nächstenliebe und nicht Egoismus, Hass und Hetze!

Nur so kann eine Spaltung der Gesellschaft und hinsichtlich des Verkehrs insbesondere auch der Verkehrsteilnehmenden verhindert werden.

Ihr
Burkhardt Unrau

Auch dieser Brief hat wieder sehr viel Resonanz und Zuspruch gebracht und so gebe ich die Hoffnung nicht auf, dass sich alles zum Guten wendet!

Ich bin meinen Eltern unendlich dankbar, dass sie mich mit so viel Liebe großgezogen und mir diese Liebe bis zum Schluss immer wieder unter Beweis gestellt haben. Nur so konnte mein Leben einen Sinn bekommen, ich der werden, der ich bin und das alles machen, was ich gemacht habe!

Ja, Auszeichnungen habe ich wirklich genug bekommen, für die ich wirklich sehr dankbar, aber auf die ich auch ein wenig stolz bin.

1998 die silberne Ehrennadel der Stadt Bergisch Gladbach, 2001 die goldene Ehrennadel des Rheinisch-Bergischen Kreises, 2012 die goldene Ehrennadel der Stadt Bergisch Gladbach, 2015 Ehrenschausteller des Landes Nordrhein-Westfalen und 2015 die Montanus-Plakette der Vereinigung zur Erhaltung und Pflege heimatlichen Brauchtums. Im Jahr 2022 hat mich mein Freund und früherer Landrat Norbert Mörs sogar für das Bundesverdienstkreuz vorgeschlagen.

Aber das größte Lob für mich liegt in der Würdigung durch die Medien, die über alles objektiv berichtet und die Öffentlichkeit erst über all mein Handeln informiert haben.

Auch tauche ich in zahlreichen Büchern auf, die hier erschienen sind und bin mit Fly Dirt auf zwei städtischen CDs neben vielen anderen Persönlichkeiten verewigt.

1998
CD Gladbacher Freunde (Stadt Bergisch Gladbach)

2001
Unsere 50er Jahre im Bergischen Land von Walter-Karl Schulz

2002
Unsere 60er Jahre im Bergischen Land von Walter-Karl Schulz

2006
Einmal Jenseits und zurück –
Ein Koffer für die letzte Reise von Fritz Roth

2007
Deutschland zum Selbermachen –
Initiative Neue Soziale Marktwirtschaft

2008
Narren, Helden, Rote Teufel von Horst Breiler

2012
Kröten, Kult und Kaffeekrieg von Patrick Duske

2012
Tommy Engel – Autobiografie

2015
Die Strunde bebt von Klaus von Wiese

2015
CD Gläbbisch is ... (Stadt Bergisch Gladbach)

2019
Rheinisch-Bergischer Kalender

2022
Als Ostern auf Weihnachten fiel von Klaus von Wiese

2024
Rheinisch-Bergischer Kalender

Ja, ich schaue demütig auf ein tolles und sinnvolles Leben zurück. Das wäre ohne ganz viele Menschen nicht möglich gewesen.

Ich habe in einer Generation gelebt, die es so nie wieder geben wird. Eine Generation, die zu Fuß zur Schule ging und auch zu Fuß zurückkam, die die Hausaufgaben alleine machte, um so schnell wie möglich ihre Freizeit auf der Straße verbringen zu können, die Spielzeuge selber gebastelt und Murmeln gesammelt hat und auch sonst viel Blödsinn gemacht hat und das immer mit Spaß und viel Freude. Das waren die 1950er und 1960er-Jahre.

Es folgten die 1970er, die Freiheit pur bedeuteten. Unbegrenzt feiern, auf Feten gehen, Musik selber machen, verliebt sein, uneingeschränkt Freude haben. Man nannte es auch die Hippiezeit. Ich habe die Jugend genossen und das Leben gelebt.

In den 1980ern begann für mich verstärkt das Erwachsenenleben. Ich habe mit Neugierde und Ausprobieren meinen Weg gesucht und letztlich gefunden. Doch da begann schon die Einschränkung der Freiheit, zum Beispiel bedingt durch Aids.

Die 1990er- und 2000er-Jahre habe ich als sehr kapitalistisch empfunden, es ging nur noch um höher, schneller, weiter. Dagegen hatte ich persönlich ein probates Mittel gefunden, nämlich mein soziales Engagement und das Motto meines Vaters „Geben ist seliger denn Nehmen“.

Vor allem in den 2010er-Jahren hatte ich das Gefühl, dass es mit dem Wohlstand bergab ging. Das hatte auch die Einschränkung von Freiheiten zur Folge. Wo es nur ging, wurde reglementiert, und der Begriff „geht nicht“ nahm immer mehr überhand.

Dann kam Corona und dann war die Epoche zu Ende!

Wir schreiben das Jahr 2023 und ich habe nach wie vor die Hoffnung, dass die nachfolgenden Generationen sich wünschen und alles dafür tun, ein ähnlich glückliches Leben zu führen, wie ich es bisher hatte.

Gemeinsam ist das Zauberwort, nicht egoistisch und vorteilverschaffend, sondern immer liebevoll, mit Herz und Verstand für das Wohl aller Menschen und somit für das eigene Wohl zu leben! Und, geht nicht – gibt's nicht!

Ja, das Leben ist stetige Veränderung und das ist nicht weiter schlimm. Und noch einmal nicht alles, was früher gut war, muss jetzt und in Zukunft schlecht sein. Man sollte mit Vernunft versuchen, die guten Dinge von damals mit den guten Dingen von heute zusammenzuführen!

Mein Leben war und ist immer noch ein Rummelplatz!

Danksagung

Ganz herzlich bedanken möchte ich mich bei meiner Frau Ute, Hans-Martin Heider und seinem Verlagsteam, Karin Grunewald, Manfred Esser und allen Menschen, die ich kennengelernt habe, denn ohne sie hätte ich dieses Buch nicht schreiben können.

Impressionen: Promis und Presseberichte

156. B. U. im Boxcamp 2022 im Robinson Club Cala Serena mit dem ehemaligen Boxweltmeister Sven Ottke und der Trainerlegende Ulli Wegner.
157. Abendtrunk im Robinson Club Cala Serena 2014 mit Ute Unrau, Helga und Manfred Lehmann, Schauspieler und Synchronsprecher (v.l.n.r.).
158. B. U. mit NRW-Innenminister Ingo Wolf, Ministerpräsident Jürgen Rüttgers und Holger Müller bei der Übergabe des Schaustellermaskottchens 2007.
159. Leckeres Frühstück 2011 im Theater Café mit Hans Hachenberg, B. U., Norbert Pfennings, Jürgen Fritz und Tommy Engel (v.l.n.r.).
160. Haarpflege 2016 in Cala Dor auf Mallorca durch Promifriseur Andreas Reetz.
161. B. U. mit Matthias Sammer beim JUC-Cup in Odenthal.
162. B. U. mit Mike Krüger beim 25-jährigen Jubiläum der Zusammenlegung von Bergisch Gladbach und Bensberg im Jahre 2000.
163. Freunde bei einem Plausch vor der Laurentiuskirche. Jürgen Fritz, B. U. und Tommy Engel. (v.l.n.r.).
164. Weihnachtsengel 2016 mit Tommy Engel und Marc Metzger (v.l.n.r.).
165. Auszüge von Presseberichten.

56

157

158

159

160

161

162

163

164

szuge von Presseberichten • Auszüge von Presseberichten

Pänz: Gelungener JUC-Cup mit Promis im Stadtion an der Paffrather Stra

„obo" war auf linker Seite

Von Arne Hell

sch Gladbach. 4:2 nde im Stadion an er Straße für das ugen Unternehmer gegen die Elf der uffeisenbank. Die orgten gestern für n JUC-Cup 2000. Stelle stand für rau, Vorsitzender Spaß und der gute tion. Unter dem Engagement für vurde die Initiati- uns Pänz" mit Erlöse des Kar- erstützt. es dann richtig fgang Bosbach, at Norbert Mörs für die Jungen Vorstandsmit- Schilling war Einsatz.

So wurde Schussbeins zum „politis gemacht, ur Vorbereitung kannten sie „vor 10 Minu chen" aufhö Ursprüng Begegnung angesetzt g te das sc Spiel verhi gar das V duell der rhein zwis dem Bonn

Zwei N Karte Möglic Initiative Das JUC tig im F clubs. S glied. H

Sportsfreunde: (V.l.) Unrau, Eschweiler, Zanders, Süper, Bosbach.

In der Nacht ein Zeichen gesetzt

ENGAGEMENT

Bergisch Gladbacher Bürger haben das Innere des „Kirmes-Kreisels" bepflanzt – eigentlich war es illegal

VON STEFAN KUNZE

Bergisch Gladbach. Frisch geharkte Erde, dazwischen Stauden und Frühjahrsblüher wie Primeln: Der Kreisel am Driescher Kreuz und ein angrenzendes Beet waren am Donnerstagmorgen kaum wiederzuerkennen. Keine Tristesse mehr, sondern ein Schmuckstück für die Stadt. „Das waren nicht die Heinzelmännchen. Das waren wir", sagte Initiator Burkhardt Unrau stolz. In einer Nacht-und-Nebel-Aktion hatten sie die Fläche zum ... gebracht. Unentgeltlich. ... vergangenen Sonntag hat... Unrau spontan die Idee, etwas ... die Stadt zu machen. „Als ich

Aufwärts geht es nun mit dem Aussehen des Kreisels – das meinen jedenfalls die bekennenden Heimlich-Pflanzer

organ wird Gladbacher Ehrenbürger

ehmer Club dreht zurzeit Teil zwei seiner Filmkomödie – Premiere im September

rick Duske (unten links) ist Tom Morgan. Er wird in dem neuen „Kino-Krimi" des Jungen Unternehmer Clubs zum Ehrenbürger Bergisch Gladbachs ernannt. Oben: An ... mit JUC-Chef Burkhardt Unrau hinter der Kamera. Daneben: das „Wahlvolk" feuert den Kandidaten Summer an. Auch die Gangsterszene ist auf Achse. (Fotos: C

Gladbacher Freunde unzertrennlich

Musiker Jürgen Fritz heiratete seine Nico – „Jubilar" Burkhardt Unrau dabei

VON WALTER K. SCHULZ

Es gibt Zeiten, da sorgen schöne Anlässe für Ablenkung vom Alltagsärger: Burkhardt Unrau, Gladbacher Original, Tausendsassa bei den Jungen Unternehmern der Kreisstadt und Kirmes-Macher in Jlabbisch, kommt gerade von der Hochzeit seines Schulfreundes Jürgen Fritz zurück. Die Musiker- und Kunstszene der Domstadt Köln gab sich bei dem Musiker, Komponisten und Produzenten (früher „Triumvirat") ein Stelldichein – im Rathaus und anschließend im „Himmelszelt" auf der Rennbahn in Weidenpesch. Als „Alt-Gladbacher" Jürgen Fritz, der an der Odenthaler Straße zur Schule ging, seine Nico (Cro-

IHR DRAHT ZU DIESER SEITE

Tel.: 0 22 02/29 37 14
Fax: 0 22 02/ 3 69 68
E-Mail:
blz.gl@kr-redaktion.de

Gladbacher Freunde: Klaus Spanenberg, Martina und Burkhardt Unrau, Jürgen Fritz und Nico, Hans Maahn (von links). (Foto: privat)

SCH-BERGISCHER KREIS

Nummer 166

cher Realschule brachte in den 60er Jahren große Musiker hervor

e in GL: And the Beat goes on

ter K. Schulz

Gladbach. goes on: Der n auch Gladin den 60er n. 1968 saß Gladbacher und nd, beim muerb des Ni-Gymnasizeug. Hansnfte die Saiei dem Wettigens auch

aus der Feder von Jürgen Fritz stammt.

1969/70 auf der Abschlussfahrt der Realschule (Odenthaler Straße) nach Luton/England hielten Unrau und Fritz wie Pech und Schwefel zusammen. Auf der Insel waren sie dabei, als es zum Konzert von Deep Purple ging.

Während Unrau anschließend den „Fliegendreck" gründete, machte sich Jürgen Fritz mit „Triumvirat" (die Gruppe, vergleichbar mit Emerson, Lake & Palmer, hat-

Bürgerportal in-gl.de ist hier: Bergisch Gladbach Markt.

Gestern um 14:24 · Bergisch Gladbach

Die Ära des **JUC e.v. - Junge Unternehmer Club** geht zu Ende. Aber nicht still und leise, sondern laut und gut: Am nächsten Freitag (8.6.) spielt Tommy Engel mit seiner Band beim Benefiz-Konzert auf dem Konrad-Adenauer-Platz

nhochzeit auf dem Autoskoote

traut Gladbachs Original Burkhardt Unrau und Ordnungshüterin Ute D

gela Merkel ging's rund

Auszeichnung für ein echtes Kirmeskind

Burkhardt Unrau erhielt die Montanusplakette – Jürgen Fritz gratuliert musikalisch

VON GUIDO WAGNER

Tausende Menschen hat die Bergisch Gladbacher Kirmes bereits verzaubert, einen aber ganz besonders. Am Sonntag der Laurentiuskirmes 1952 geboren, sog er die Kirmes bereits mit der Muttermilch auf und organisiert sie jetzt bereits mehr als drei Jahrzehnten hauptverantwortlich: Am Donnerstagabend stand das „ganz besondere Kirmeskind Burkhardt Unrau", wie es Martin Gerstlauer formulierte, im Mittelpunkt der Verleihung der Montanusplakette. Mit dieser würdigte die Vereinigung zur Erhaltung und Pflege heimatlichen Brauchtums laut dem Vorsitzenden Gerstlauer

und die sonstig dingungen auch Durchführung mes" möglich che Worte auch die anstehende rund um den K er-Platz.

Er freue sich lieber Freund" Auszeichnung lierte Bürgerm bach und dankt gement des Kir den letzten 35 J zeichnung möge tigen, sich ebe gieren.

Gerührt zeigt Montanusplake dass er in eine von den Schau ernannten

Stadt schloß Vertrag über Turnfest für Pfingsten 93 – Schausteller drohen mit Klage

Stirbt Pfingstkirmes wegen Gourmetmeile?

Von Ute Glaser

ug Bergisch Gladbach. 128 Jahre ist sie alt: die Gladbacher Pfingstkirmes. Fällt sie im nächsten Jahr aus? Gourmetmeile statt Kirmestru[...] Hummer und Kaviar statt Kind[...]karussell und Sky Rider?

Zuerst war es ein Gerücht. „Habt Ihr gehört: Nächstes Jahr fällt die Pfingstkirmes weg." Als Uwe Flohr (37) es beim Aufbau seiner Losbude am letzten Mittwoch hörte, „da fiel mir die Kinnlade runter". Seit 1948 kommt seine Familie zur Pfingstkirmes, er in der dritten Generation. „Immer mit Losen."

Tatsache ist: Die Stadt hat das Zentrum dem Landessportverband vermietet, damit in Fußgängerzone und Stadion das 11. Rheinische Landesturnfest stattfinden kann. 1993 – genau an Pfingsten.

Der Plan der Turner: Während im Stadion Freitag bis Montag von 9 bis 18 Uhr Sport getrieben wird, sollen in der City drei Bühnen und rotweiße Zelte, die von Gastronomen angemietet werden, stehen. Die „Arbeitsgemeinschaft gastronomische Turn[...]ile" kümmert sich um Letzteres[...] volkstümlichen Preisen" soll's neben Hummer, Kaviar und Champagner auch die traditionsreiche Bratwurst geben.

Gourmetmeile hier – Kirmes da. Wie kam es zur Terminüberschneidung? Im April 91 segnete der Gladbacher Rat die Bewerbung um das Landesturnfest ab. Möglicherweise arglos. Denn in der Ratsvorlage hieß es: „Voraussichtlicher Termin: Juli 93." Und Pfingsten kann bekanntlich nie im Juli liegen. Gleichwohl ist das Landesturnfest „gewöhnlich an Pfingsten gekoppelt", weiß Stadt-Sprecher Peter Schlösser.

„Wenn das nicht ein Irrtum dümmster Weise ist, dann ist es eine Machenschaft", nimmt Burkhardt Unrau (39) kein Blatt vor den Mund. Der Gladbacher ist mit der Kirmes verwachsen: Er wurde Kirmessonntag geboren, Vater Helmut sorgte als Vize-Ordnungsamtsleiter dafür, daß nach dem Bau des Bürgerhauses die Pfingstkirmes wieder ins Zentrum zurückkam. „Manche wollten die Kirmes schon damals eliminieren." 128 Jahre zählten

Böse Überraschung: Niemand informierte Otto Breuer-Blum, Uwe Flohr, Gerfried von der Gathen (v. li.), und ihre Schausteller-Kollegen. Erst beim Pfingstkirmes-Aufbau hörten sie, daß 1993 eine Gourmetmeile die Imbißbuden, Karussels und Fahrgeschäfte vertreiben soll.

Fotos: Daub

„Die Bedürfnisse der Kirmes müssen zurücktreten": Werner Leonhardt.

„Irrtum dümmster Weise oder eine Machenschaft?": Burkhardt Unrau.

kümmere sich keiner. Die Kirmes sei etwas fürs Volk, während die Gourmetmeile „etwas für die oberen Zehntausend ist, die wir hier gar nicht haben".

Falle die Kirmes aus, könne das die Existenz bedrohen, sagt Otto Breuer-Blum (40). Der Refrather steht seit acht Jahren mit dem Kinderkarussell vorm Löwen. Für ihn und die Kollegen seien die vier Tage

Besucher eine feste „rechnerische Größe", auf die Banken und Lieferanten nach der Winterpause bisweilen vertröstet werden. Ein Platz andernorts für 1993 sei kurzfristig keinesfalls zu finden.

„Wir werden für unsere Rechte kämpfen", sagt Uwe Flohr. Die Pfingstkirmes sei eine „eingetragene Kirmes" und dürfe von Rechts wegen nicht verlegt oder aufgeho-

de sind nicht abgeneigt, vors Verwaltungsgericht zu ziehen."

Doch zuvor wird eine Einigung gesucht. Flohr: „Wir sind gerne bereit, auf etwas von unserer Standfläche zu verzichten, aber dann mitzuziehen." Allerdings steht im Vertrag, daß das Landesturnfest „nicht mit Kirmescharakter" durchgeführt werden soll ...

„Es ist keine Absicht, die Pfingstkirmes zu verscheuchen", sagt Schlösser. Aber das Landesturnfest sei eine „Veranstaltung von herausragender Bedeutung" – zuletzt in der Stadt 1954 und 1976. Angesichts dieser Größenordnung, so Rechtsdezernent Werner Leonhardt, müßten „die Bedürfnisse der Kirmes etwas zurücktreten. So schlimm sich das auch anhören mag."

Am Freitag soll mit allen Beteiligten am Kompromiß gefeilt werden. „Uns würde etwas fehlen", hört Bensbergerin Erika Hembach, die mit Sohn Sven gestern Lose bei Flohr kaufte, ungern vom möglichen Ausfall der Pfingstkirmes. Unrau befürchtet: „Einmal ist es ein Turnfest, und das nächste Mal ist es was anderes."

Zwei Schausteller drohen schon:

23:55 Samstag 8. Aug.

Bild

26° Berlin Leicht b

Eine Hängematte gespannt zwischen zwei Felsen in der Sächsischen Schweiz – in 50 Metern Höhe. Darin sitzen zwei junge Männer.

und stirbt

Ein Biker (18) ist mit seiner Bel[...] unterwegs, will einen Lkw über[...] dann prallt er gegen einen Last[...]

KÖLN

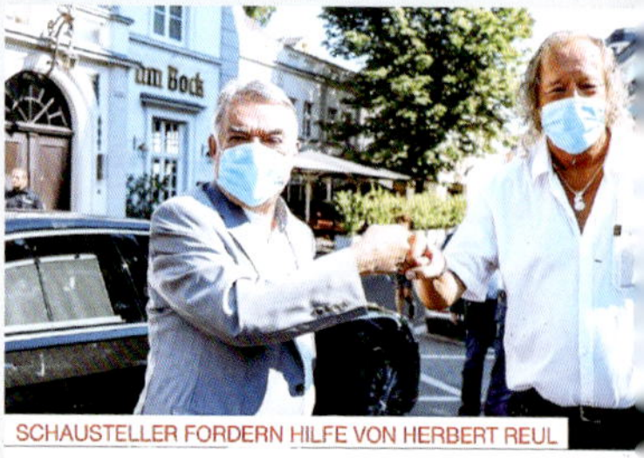

SCHAUSTELLER FORDERN HILFE VON HERBERT REUL

„Lassen Sie uns Geld verdienen!"

Konrad-Adenauer-Platz im Garten nachgebaut

Burkhardt Unrau widmet Rondell aus Steinen der Fußgängerzone einem verstorbenen Freund

MONTAG, 23. MAI 201[...]
NUMMER 118

:59 Samstag 8. Aug.

Bild

26° Berlin Leicht bewölkt

SONNTAGSTREND

Diese Umfrage wird einer GroKo-Partei nicht gefallen

ERKENNTNISSE DER GE[...]

Drei Regime wolle[...] beeinflussen

GENAUSO WIE BEI KASHOGGI

Horror-Scheich soll Killer nach Kanada geschickt haben

Wollte der saudische Kronzprinz Mohammed bin Salman (MBS) sein Killer-Kommando auch in Kanada einsetzen?

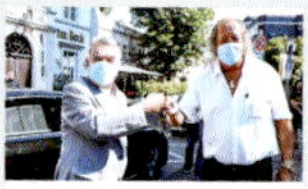

SCHAUSTELLER FORDERN HILFE VON H...

„Lassen Sie uns Geld verdienen!"

Sie sollen Freude bringen, doch sie sind verzweifelt. Schausteller forderten vom NRW-Innenminister endlich Lösungen in der Krise.

DISKUSSION UM CORON[...]

CDU-Politiker wirft Beh[...] Methoden" vor

Unionsfraktionsvize Vaatz [...] vor, über die Teilnehmerza[...] Corona-Demo absichtlich [...]

Rock am Rathaus unterm Regenbo[...]

Mehr als 1000 Besucher beim JUC-Open-Air-Rockkonzert – 7000 Euro für „B[...]

VON GUIDO WAGNER

[...]H GLADBACH. [...] bes us Papier je[...]t es über den Kon[...]uer-Platz, und man[...]t bang nach oben [...] „Hoffentlich nicht." [...]genwolken am Him[...]e es in einer Stadt [...] schnell ungemüt[...]n. Doch die meisten [...]hen vorbei, und die [...]000 Besucher feiern [...]en-Air-Rockkonzert [...] Unternehmer Clubs [...] Freitagabend bis zu [...]ndiosen Finale. Da[...]um kurz vor halb elf [...]lle Bands, „Pütz und

Erstmals dabei: „Pütz und Bänd" um Norbert Wielpütz (l.). Viele waren gekommen, um die neue Band mit zwei Generation Musikern zu hören. (Fotos: Nonnenbroich)

Schirmherr Lutz Urbach (l[...] Sylvia Zanders dankten der[...]

Ein Herz für Kirmes und Schausteller

Für bundesweites Aufsehen hat Burkhardt Unrau mit Aktionen für das Kulturgut Kirmes und ihre Schausteller gesorgt. Zu einer Infoveranstaltung

---

Er „lebt" Jläbbichs Kirmes von Kindesbeinen

August 1954: Burkhardt Unrau (2) mit seinem Vater Helmut

September 1953: Oma Marie

Pferdekarussell: Burkhardt

Pfingst[...]

Hallenfete

Rhein-Berg

Sport Die bergischen Amateur… eine im Pokal-Achtelfinale *Seite*

Hürraaa!!!

Es ist wieder so weit!
Wir: Burkhardt, Hans-Peter, Heinz, Patrick, Peter + Ute laden ein zur

5. Hallenfete

am Sa, 1. Juni 1991

im Dom zu Romaney

wieder viel Stimmung, Bier + Überraschungen…

PS: Dies ist eine persönliche Einladung für 2 Personen. Beil. Dom ist als Eintrittskarte. – Der Eintritt ist wie immer frei. Spenden sind gern gesehen. Bitte beachtet die Spendenbox.

Mehr als 200 Besucher unterstützten die Erinnerung an die Kirmes und den festen Plan, sie 2022 zurück nach Gladbach zu holen. Fotos: Anton L…

„Wir müssen das Leben wieder ankurbeln

Bewegende Aktion: Schausteller, Kirmesmacher und Politik versprechen Rückkehr des Rummels 202…

VON GUIDO WAGNER

Bergisch Gladbach. Samstag, … Normalerweise würden …reifahrchips auf die Men… niederprasseln, würden …russells und Fahrgeschäf… Bewegung setzen, würde …rentiuskirmes für vier Ta… Stadt verwandeln. An die… …mstag ist es ein „Appell …enschlichkeit", der die …hen tief bewegt. …r als 200 sind gekommen, …l die Kirmes ausfällt. …erade weil sie zum vierten … der Corona-Zeit nicht …nden kann. Schausteller

Pfingsten 2022 soll es wieder Kirmes geben: Kirmesmacher (6.v.r.) mit Schaustellern und Unterstützern von

chef beim Wort und mahnte … gleich. „Eine neue Kirmes an… peilen, ist uns zu wenig. … wenn wir hören, dass die H… denimmunität durch das Imp… die große Rettung ist, dann … dern wir ein, dass die Politik a… selber daran glaubt." Der… würden schon wieder Verans… tungen im Oktober und Nove… ber abgesagt und auch über … Absage von Weihnachtsmärk… diskutiert, so Ritter. Der D… Präsident warnte davor, tr… der steigenden Impfquote w… ter zu bremsen. Die Inzide… zahl könne nicht der einzige … rameter sein. Die Politik mü…

…che Überraschung für den Rat

…che Überraschung be…r Schaustellerverein …ladbach den Ratsmit… …or der Sitzung wurde …tiker ein Lebkuchen…icht. Gedacht war die … Dankeschön für die …ge" Teamarbeit zwi…ein und Stadtverwal…er Vorbereitung der …es. „Das ist gelebtes …ting: liebevolle …spflege, im Interesse …rinnen und Bürger, …Attraktivität unserer …t", bedankte sich …Unrau, Geschäftsfüh…

Herzliches Dankeschön

Junge Chefs leisteten Starthilfe

Jungs mit sozialem Gewissen

…gründeten 14 junge Selbstständige den JUC – Verein hat seitdem in der Stadt viel bewe…

…de. Von links Burkhardt Unrau, Tommy Engel und Jürgen Fritz

…sere Freundschaft wird bleiben"

Ein „Tränchen … Burkhardt Unrau …rdrücken, als er …ssekonferenz für …e Unternehmer…nete. „Trotzdem: … der schönsten …gte er sich über…n „Knalleffekt" …abschieden, hatte …n Benefizkonzert …digt, der sich wie …s Jahres auflösen …Knaller wurde es, …ert mit Tommy …onrad-Adenauer…h Unrau auch ei…n persönlichen …und das mehrere …en zum JUC-Ab…tadtmitte lockte. …noch am Morgen …geschüttet", erin… Habrunner vom …eins „Bürger für … auch diesmal die …en des JUC gin… des Kalleffektes …000 Euro waren …C-Benefiz-Open…kommen – so viel …nderen Benefiz…n den vergange…ahren. …llste Abschluss, …ünschen kann", …u. „Ich bin der …

Zum Finale eine Rekordspende: 20 000 Euro übergaben Burkhardt Unrau (l.) und Horst Steinfeldt (r.) vom JUC a… Habrunner vom Verein „Bürger für uns Pänz".

27 Jahre Junge Unternehmer Club

Zwei aufsehenerregende Gladbach-Krimi-Komödien gedreht, ein Buch geschrieben, für spektakuläre Fotos jede Menge bekannte Gesichter aus der Region zusammengebracht und immer wieder die Ärmel hochgekrempelt – mehr als ein Vierteljahrhundert hat sich der Junge Unternehmer Club (JUC) mit Benefizaktionen und für soziale Projekte in Bergisch Gladbach engagiert. Allein

14 junge Unternehmer unterzeichneten 1991 das JUC-Gründungsprotokoll. Wilfried Patemann hatte zwei Jahre später die Idee zu einem F-Jugend-Fußballturnier – die Geburtsstunde des JUC-Cups. Den ersten Anstoß gab der Bundestagsabgeordnete Franz Heinrich Krey. Auch sein Nachfolger Wolfgang Bosbach unterstützte das Turnier, das bis 2012 insgesamt 65 000 Euro für

seit 2015 – von JUC-Open-Air-Konzerten beerbt wurde.

Ob sie berühmte Fotos wie das Beatles-Plattencover zu „Sgt. Pepper's Lonely Hearts Club Band" mit bekannten Gladbachern nachstellten oder in einer Aktion zivilen Ungehorsams über Nacht guerillamäßig das Rondell am Driescher Kreisel bepflanzten – immer hatten die Unternehmer

Mit Lokalkolorit und vielen bekannten Gesichtern produzierten Patrick Duske (l.) als Tom Morgan und Burkhardt Unrau als Burks zwei Filme.

Mit Schaufeln räumten JUCer auch schon mal kurzfristig den B… zum Bensberger Museum frei.

Marktwirtschaft" als „b… ches Beispiel dafür, wie … Staat machen".

Hoher Unterhaltungswert

Zudem hätten die Aktio… JUC einen hohen Unterh… wert bescheinigte Bürge… Lutz Urbach dem Club, fü… Benefiz-Veranstaltungen … Schirmherrschaft übernim…

…efiz-Open Air mit Tommy Engel zum Abschied des Junge Unternehmer C…

…TA-EILEEN RADIX

…ISCH GLADBACH. Ein …wunsch, ein großer …ein Knalleffekt – diese …tive beschreiben sämt…e Veranstaltung: Tom…l und Band spielen live …m Konrad-Adenauer… …ugunsten von „Bürger … Pänz" und beenden da…leich die Ära des Junge …hmer Club (JUC). …Chef Burkhardt Unrau … über das ganze Ge…

Auf dem Autoscooter geheiratet Gladbacher Original Burkhardt Unrau wird 70 Jahre alt

Burkhardt Unrau hat stets ein offenes Ohr für die Schausteller.
Foto: Guido Wagner

Zwei Generationen, eine Leidenschaft

Schausteller Günter Barth (76) und Mario Wingender (18) über das Kirmesgesch

VON KLAUS PEHLE

BERGISCH GLADBACH. Es gibt Berufe mit einem besonderen Ethos. Mit einer traditionellen Verpflichtung, mit einer vererbten Leidenschaft. Wer in den 50ern im Ruhrgebiet als Sohn eines Bergarbeiters geboren wurde, der wollte beruflich meist nur eines: so schnell wie möglich unter Tage fahren. Ähnlich ist es an der Küste bei den Krabbenfischern oder auf der Alm im Süddeutschen bei den Bergbauern. Man will das Geschäft der Eltern fortführen. Auch wenn die Zeiten dafür schwierig geworden sind.

Die Pfingstkirmes läuft seit Samstag und feiert heute mit einem großen Feuerwerk ihren letzten Abend. Mit den Lkw, den Karussells und Fahr-

» Ich wollte nie etwas anderes machen, es ist mein Traumberuf und meine Leidenschaft. «

MARIO WINGENDER

Die sechste Generation: Mario Wingender und der Break Dancer (l.). Der Mann mit dem „Klassiker": Günter Barth gehört der Autoscooter Route 6

„Sonst wird es keine Kirmes mehr geben"

Schaustellervereinschef Burkhardt Unrau über die letzte Chance und die Erinnerung am Samstag

„Wir kommen wieder" steht auf dem Lebkuchenherz. Von dem will Bergisch Gladbachs Kirmesmacher Burkhardt Unrau bei einer außergewöhnlichen Aktion am kommenden Samstag, 7. August, 12 Uhr, auf dem Konrad-Adenauer-Platz einige Dutzend verteilen – zur Erinnerung. Ohne Corona hätte auf dem Platz und rund um den Bergischen Löwen im Herzen der Kreisstadt an diesem Wochenende bereits die zweite große Kirmes des Jahres stattgefunden. Über die Hintergründe der Aktion, Wut und die Bedeutung auch der Weihnachtsmärkte für ein Überleben eines Kulturguts hat Guido Wagner mit Unrau gesprochen.

Hätten wir keine Pandemie, wären am Mittwoch schon die Schaustellerfahrzeuge auf den Platz gefahren, stünde ein Großteil der Kirmes wahrscheinlich heute schon. Schmerzt das nicht sehr?
Und wie! Es ist todtraurig. Noch mehr als mir tut das aber den Schaustellern weh. Sch

zweiten Jahr

Was
Mein
aus Bon
mit sein
haus Org
bach zu k
aus Gladb
torischen
neben. Und
ge von den
sonst zur Kir
men: Bundest
Dr. Hermann-
Landrat Stepha
Bürgermeister
natürlich Kreisd
Hörter. Und dann
geredet: Das Kultu
darf nicht vergesse

Bereits im vergang
haben Sie eine bund
beachtete Protestak
ter anderem mit NRW
minister Herbert Reul
traditionellen Termin
Laurentiuskirmes orga

Mit deutli

denen der Lockdown schw zugesetzt hat.

Aber es gab doch hier u auch in der Corona-Zeit zelne Kirmesstände, ein senrad in Köln, eine Ma bude am Supermarkt . . .
Aber das ist doch nicht da Es ist schön, sich die Stad einem Riesenrad mal von anzusehen, aber das allei doch noch keine Kirmes.

Sondern?
Kirmes ist ein Erlebnis fü Sinne, zum Sehen, Hören len, Riechen – und Schme Da brau he ich den Rund Kirmesplatz mit r Jung und Älte

en wieder" s ebkuchenhe t die Kirme

sind wir w

ngener chon a

es di uss e , son ehr uch

anderen wieder ude bereiten zu können. Sonst geht das nicht. Ob Wirtschaftsnot oder sogar Krieg – immer hat es Kirmes gegeben. Nicht für die Schausteller, son-

…Deppe auch …Kontakt. Aber das allein hilft nicht.

…mussten, ist es wichtig, dass sie auch einmal wieder nur Freude haben dürfen – und auch haben können. Ärzte und Psychologen schlagen ja schon vor, dass es „Kirmes auf Rezept" geben müsste. Einfach weil sie so hilfreich sein kann wie Medizin für die Menschen,

…, um d… wenn diese Märk ses Jahr auch wieder ausfa dann werden wir nächste keine Kirmes mehr haben nen. Wir müssen für alle fen, und auch den Mensch der Stadt zeigen, dass die noch nicht tot ist, auch w sie nun schon wieder nich finden darf. Auch aus die Grund gibt es die Aktion a Samstag.

Gladbacher Pop-LP mit deutschen Texten

198

…e Nachbarskinder Hansi und …rdy, die sich schon aus dem …dkasten kannten, begannen … gisch Gladbach spielten Hansi, Albi und Hardy erstmals zusammen, was mit dem Stück »Rondo« … Jürgen Fritz, dem mittlerwe… zusammen mit Hardy das T… studio Hitdorf gehört, wurd… Titel mit sehr viel Freude…

Mittwoch, 10. August 2022 — Berg. Land • 25

Kölner Stadt-Anzeiger

[H]erz schlägt im Kirmestakt

…s groß geworden: An Burkhardt Unraus 70. Geburtstag wird Gladbacher Volksfest 180

Stets ein offenes Ohr für die Schausteller: Burkhardt Unrau

Hochzeit auf dem Autoscooter 2011: Ute und Burkhardt Unrau

Beim 175-jährigen im Kirmeswagen

Bildungspolitik auf praktischem Weg

Kleefeld-Hauptschüler absolvieren ab sofort Praktika in JUC-Unternehmen

VON LARS HEYLTJES

Vertragsunterzeichnung: Dieter …

Sieger sind vor allem Pänz in Not

Für andere auf die Pauke hauen

Der „Junge Unternehmer Club" hilft den Schwachen der Gesellschaft

…Club gibt es seit 15 [Jahr]en – und seit 15 Jahren [Bu]rkhardt Unrau sein [Vorsit]zender.

VON MATTHIAS NIEWELS

Burkhard Unrau ist seit 15 Jahren Vorsitzender des „Junge Unternehmer Club".

Der JUC war mal wieder aktiv

„Schaustellertafeln" sind frisch renoviert

[Wiss]en und Engagement" [auf de]m Weg zum Erfolg

[Junge Unter]nehmer Club" gibt Geschäftsleuten Hilfestellung

SEITE 52

RHEIN-BERG — SAMSTAG, 1. DEZEMBER 2007 — NUMMER 279

Musterbeispiel für Engagement: Juc-Vorsitzender Burkhard Unrau und Sylvia Zanders von „Bürger für uns Pänz" sowie Vertreter der Stadt und der Herkenrather Jugend feierten den Spatenstich. (Bild: Ralf Krieger)

Auf „politisches Geschrei" mit der Tat reagiert

Vorsitzender des „Junge Unternehmer Club" besorgte den ersten Spatenstich für ein Basketballfeld … Braunsberg – Auch der Verein …

[E]in Vorbild für Deutschland

[Gla]dbacher Urgestein Burkhardt Unrau in Berlin gewürdigt

[VON STE]PHAN BROCKMEIER

[BERGIS]CH GLADBACH/BERLIN – … große Lamentieren ist … Ding. Burkhardt … seiner Heimatstadt Gladbach bekannt als Macher der großen … in der Innenstadt … als der Mahin, packt lieber …

Foto: Manfred Esser